LEARN FRENCH WITH ALICE IN WONDERLAND

A Bilingual French/English Book To Help You Learn French - Lewiss Caroll

D1176296

French Hacking

Notre barque glisse sur l'onde
Que dorent de brûlants rayons ;
Sa marche lente et vagabonde
Témoigne que des bras mignons,
Pleins d'ardeur, mais encore novices,
Tout fiers de ce nouveau travail,
Mènent au gré de leurs caprices
Les rames et le gouvernail.

Soudain trois cris se font entendre,
Cris funestes à la langueur
Dont je ne pouvais me défendre
Par ce temps chaud, qui rend rêveur.
« Un conte ! Un conte ! » disent-elles
Toutes d'une commune voix.
Il fallait céder aux cruelles ;
Que pouvais-je, hélas ! contre trois ?

La première, d'un ton suprême,
Donne l'ordre de commencer.
La seconde, la douceur même,
Se contente de demander
Des choses à ne pas y croire.
Nous ne fûmes interrompus
Par la troisième, c'est notoire,
Qu'une fois par minute, au plus.

Puis, muettes, prêtant l'oreille
Au conte de l'enfant rêveur,
Qui va de merveille en merveille
Causant avec l'oiseau causeur ;
Leur esprit suit la fantaisie
Où se laisse aller le conteur.
Et la vérité tôt oublie
Pour se confier à l'erreur.

Le conteur (espoir chimérique !)
Cherche, se sentant épuisé,
A briser le pouvoir magique
Du charme qu'il a composé,
Et « Tantôt » voudrait de ce rêve
Finir le récit commencé :
« Non, non, c'est tantôt! pas de trêve ! »
Est le jugement prononcé.

Ainsi du pays des merveilles
Se racontèrent lentement
Les aventures sans pareilles,

All in the golden afternoon
Full leisurely we glide;
For both our oars, with little skill,
By little arms are plied,
While little hands make vain pretence
Our wanderings to guide.

Ah, cruel three! In such an hour,
Beneath such dreamy weather,
To beg a tale of breath too weak
To stir the tiniest feather!
Yet what can one poor voice avail
Against three tongues together?

Imperious Prima flashes forth
Her edit 'to begin it'—
'There will be nonsense in it!'—
While Tertia interrupted the tale
Not more than once a minute.

Anon, to sudden silence won,
In fancy they pursue
The dream-child moving through a land
Of wonders wild and new,
In friendly chat with bird or beast—
And half believe it true.

And ever, as the story drained
The wells of fancy dry,
And faintly strove that weary one
To put the subject by,
"The rest next time—" "it is next time!"
The happy voices cry.

Thus grew the tale of Wonderland:
Thus slowly, one by one
Its quaint events were hammered out—

Incident après incident.
Alors vers le prochain rivage
Où nous devions tous débarquer
Rama le joyeux équipage ;
La nuit commençait à tomber.

Douce Alice, acceptez l'offrande
De ces gais récits enfantins,
Et tressez-en une guirlande,
Comme on voit faire aux pèlerins
De ces fleurs qu'ils ont recueillies,
Et que plus tard, dans l'avenir,
Bien qu'elles soient, hélas ! flétries,
Ils chérissent en souvenir.

And now the tale is done,
And home we steer, a merry crew,
Beneath the setting sun.

Alice! A childish story take,
And with a gentle hand
Lay it where Childhood's dreams are twined
In Memory's mystic band,
Like pilgrim's withered wreath of flowers
Plucked in a far-off land.

One language sets you in a corridor for life. Two languages open every door along the way.

- Frank Smith

French Hacking

French Hacking is a revolutionary educational language learning company focused on teaching individuals how to learn French in the shortest time possible. Our mission is for our students to develop a command of the French language by utilizing the hacks, tips, and tricks included in the learning materials we create. We want our students to become confident in their speaking abilities as they advance their conversational skills by teaching what's necessary without having to learn the finer details that don't make much of a difference or aren't even used in the real world.

Unlike our competitors, who have books geared toward multiple languages, our language learning books are dedicated exclusively to learning French. Our focus on only one language allows us to truly concentrate on creating superior educational materials.

Our books are created by native French speakers and then put through a vigorous editing process with two more native French editors and proofreaders to ensure the highest quality content. Rest assured that you are learning proper grammar and syntax as you read through our books.

The unique formatting of our books will give you the best experience possible as you learn French! The bilingual English and French text appear side-by-side for easy reference without needing a dictionary. With fun images for each chapter, you will better visualize the scenes within the story and stay engaged. Reading is an immersive experience, and we want to make learning fun and enjoyable.

There are no other books like ours on the market. Let us help accelerate your journey to learn French with our fun and effective educational materials that make learning French a breeze!

Please be aware that the translation will not be accurate word for word but makes sense when read in the complete phrase. For some poems translations have not been used at all as they would not make sense or do not exist. Original French poems have been used instead.

Also be aware that if this is the first time you are reading this, it was written in 1865 and the English is different/doesn't follow regular grammar rules at times. This was done intentionally by author and are not errors within the book.

Bonus!

Would you like the audio files for this book for free? Check the back of the book to find out how!

Sommaire

Chapitre 1 : Dans le terrier du Lapin

Alice commençait à être très fatiguée d'être assise près de sa sœur sur la berge, et de n'avoir rien à faire : une ou deux fois, elle avait jeté un coup d'œil dans le livre que sa sœur lisait, mais il ne contenait ni images, ni dialogues, « et quelle est l'utilité d'un livre, » pensa Alice « ne contenant ni images ni conversations ? »

Elle songeait alors, se demandant (du mieux qu'elle le pouvait, car la chaleur de la journée était étourdissante et la faisait somnoler), si le plaisir de réaliser une couronne de fleurs valait la peine de se lever pour cueillir des marguerites, quand tout à coup un

Chapter 1: Down the Rabbit-Hole

Alice was beginning to get very tired of sitting by her sister on the bank, and of having nothing to do: once or twice she had peeped into the book her sister was reading, but it had no pictures or conversations in it, "and what is the use of a book," thought Alice "without pictures or conversations?"

So she was considering in her own mind (as well as she could, for the hot day made her feel very sleepy and stupid), whether the pleasure of making a daisy-chain would be worth the trouble of getting up and picking the daisies, when suddenly

Lapin Blanc aux yeux roses apparut près d'elle en courant.

Il n'y avait rien de si surprenant à cela ; Alice ne pensa pas non plus qu'il était si bizarre d'entendre le Lapin se dire à lui-même : « Oh mon Dieu ! Oh mon Dieu ! Je vais être en retard ! » (quand elle y réfléchit plus tard, il lui vint à l'esprit qu'elle aurait dû s'en étonner, mais à ce moment-là, tout lui semblait tout à fait naturel) ; cependant, quand le Lapin sortit une montre à gousset de la poche de son gilet, la regarda, puis se hâta, Alice se leva, car il lui traversa l'esprit qu'elle n'avait jamais vu auparavant un lapin avec un gilet, ou même en sortir une montre et, brûlante de curiosité, elle se mit à sa poursuite à travers le champ et arriva, heureusement, juste à temps pour le voir sauter dans un grand terrier se trouvant sous la haie.

Peu après, Alice tomba à sa poursuite, sans pourtant jamais se poser la question de la manière dont elle pourrait en ressortir.

Le terrier du Lapin était comme un long tunnel sur une certaine distance, et plongeait ensuite soudainement, si soudainement qu'Alice n'eut pas un instant pour penser à s'arrêter qu'elle se retrouvait déjà en train de tomber dans un puits très profond.

Soit le puits était très profond, soit elle tombait très lentement,

a White Rabbit with pink eyes ran close by her.

There was nothing so very remarkable in that; nor did Alice think it so very much out of the way to hear the Rabbit say to itself, "Oh dear! Oh dear! I shall be late!" (when she thought it over afterwards, it occurred to her that she ought to have wondered at this, but at the time it all seemed quite natural); but when the Rabbit actually took a watch out of its waistcoat-pocket, and looked at it, and then hurried on, Alice started to her feet, for it flashed across her mind that she had never before seen a rabbit with either a waistcoat-pocket, or a watch to take out of it, and burning with curiosity, she ran across the field after it, and fortunately was just in time to see it pop down a large rabbit-hole under the hedge.

In another moment down went Alice after it, never once considering how in the world she was to get out again.

The rabbit-hole went straight on like a tunnel for some way, and then dipped suddenly down, so suddenly that Alice had not a moment to think about stopping herself before she found herself falling down a very deep well.

Either the well was very deep, or she fell very slowly, for she had plenty of

car elle eut tout le temps lors de sa descente pour regarder autour d'elle et se demander ce qui allait se passer ensuite. D'abord, elle essaya de regarder en bas, se demandant vers quoi elle était en train de tomber, mais il faisait trop sombre pour voir quoi que ce soit ; puis elle regarda les côtés du puits, et remarqua qu'ils étaient couverts de placards et d'étagères ; ici et là, elle voyait des cartes et des images accrochées à des chevilles. Elle sortit un pot de l'une des étagères en passant ; il y était écrit « MARMELADE D'ORANGE » mais, à sa grande déception, il était vide : elle ne voulut pas laisser tomber le bocal, de peur de tuer quelqu'un en dessous, alors elle parvint à le ranger dans l'un des placards devant lesquels elle tombait.

« Eh bien ! » pensa Alice pour elle-même, « après une chute comme celle-ci, je ne m'inquiéterai plus de tomber dans les escaliers ! Comme ils me croiront tous courageuse ! Bon, je ne dirai rien à ce sujet, même si je tombais du toit de la maison ! » (Ce qui était très probablement vrai.)

Alice tombait, encore et toujours. La chute ne prendrait-elle jamais fin ? « Je me demande combien de kilomètres j'ai pu parcourir depuis tout ce temps ? » se dit-elle à voix haute. « Je dois arriver quelque part près du centre de la Terre. Voyons : ce serait six à sept mille kilomètres plus bas, je pense... » (car, voyez-vous,

time as she went down to look about her and to wonder what was going to happen next. First, she tried to look down and make out what she was coming to, but it was too dark to see anything; then she looked at the sides of the well, and noticed that they were filled with cupboards and book-shelves; here and there she saw maps and pictures hung upon pegs. She took down a jar from one of the shelves as she passed; it was labelled "ORANGE MARMALADE", but to her great disappointment it was empty: she did not like to drop the jar for fear of killing somebody underneath, so managed to put it into one of the cupboards as she fell past it.

"Well!" thought Alice to herself, "after such a fall as this, I shall think nothing of tumbling down stairs! How brave they'll all think me at home! Why, I wouldn't say anything about it, even if I fell off the top of the house!" (Which was very likely true.)

Down, down, down. Would the fall never come to an end? "I wonder how many miles I've fallen by this time?" she said aloud. "I must be getting somewhere near the centre of the earth. Let me see: that would be four thousand miles down, I think—" (for, you see, Alice had learnt several things of this sort in her lessons in

Alice avait appris plusieurs choses de ce genre dans ses leçons à l'école et, bien qu'il ne s'agisse pas d'une très bonne occasion pour montrer l'étendue de ses connaissances, puisqu'il n'y avait personne pour l'écouter, c'était tout de même un bon entraînement que de se les répéter) « - oui, c'est à peu près la bonne distance - mais alors je me demande à quelle latitude ou longitude je me trouve ? » (Alice n'avait aucune idée de ce qu'était la latitude, ni la longitude, mais elle pensait qu'il s'agissait des mots importants à prononcer.)

Bientôt, elle recommença. « Je me demande si je vais traverser la Terre en tombant ! Comme il serait drôle de sortir parmi les gens qui marchent la tête en bas ! Les Antipattes, je pense... » (elle était plutôt contente que personne ne fut là pour l'écouter, cette fois, car cela ne sonnait pas du tout comme étant le mot juste) « - mais il faudra que je leur demande quel est le nom du pays, vous savez. S'il vous plaît, M'dame, est-ce la Nouvelle-Zélande ou l'Australie ? » (et elle essaya de faire une révérence tout en parlant - imaginez-vous faire une révérence alors que vous tombez dans le vide ! Pensez-vous que vous y parviendriez ?) « Et elle pensera de moi que je suis une petite fille ignorante, d'avoir demandé ! Non, il ne faudra pas demander : peut-être le verrai-je écrit quelque part. »

the schoolroom, and though this was not a very good opportunity for showing off her knowledge, as there was no one to listen to her, still it was good practice to say it over) "—yes, that's about the right distance—but then I wonder what Latitude or Longitude I've got to?" (Alice had no idea what Latitude was, or Longitude either, but thought they were nice grand words to say.)

Presently she began again. "I wonder if I shall fall right through the Earth! How funny it'll seem to come out among the people that walk with their heads downward! The Antipathies, I think—" (she was rather glad there was no one listening, this time, as it didn't sound at all the right word) "— but I shall have to ask them what the name of the country is, you know. Please, Ma'am, is this New Zealand or Australia?" (and she tried to curtsey as she spoke—fancy curtseying as you're falling through the air! Do you think you could manage it?) "And what an ignorant little girl she'll think me for asking! No, it'll never do to ask: perhaps I shall see it written up somewhere."

Plus bas, encore plus bas, toujours plus bas. Il n'y avait rien d'autre à faire, alors Alice recommença bientôt à parler. « Je vais beaucoup manquer à Dinah ce soir, j'en ai bien peur ! » (Dinah était sa chatte.) « J'espère qu'ils se souviendront qu'il faut lui donner sa soucoupe de lait à l'heure du thé. Ma chère Dinah ! J'aimerais tant que tu sois ici avec moi ! Il n'y a pas de souris dans l'air, je le crains, mais tu pourrais attraper une chauve-souris, et c'est assez semblable à une souris, tu sais. Mais les chats mangent-ils les chauves-souris ? Je me le demande. » Et, à ce moment, Alice commença à somnoler, tout en continuant à se parler à elle-même, comme dans un rêve : « Les chats mangent-ils des chauves-souris ? Les chats mangent-ils des chauves-souris ? » et parfois, « Les chauves-souris mangent-elles des chats ? » car, voyez-vous, comme elle ne pouvait répondre à aucune de ces deux questions, peu importait la manière dont elle le disait. Elle sentait qu'elle somnolait et commençait à rêver qu'elle marchait main dans la main avec Dinah, en lui disant sur un ton très sérieux : « Maintenant Dinah, dis-moi la vérité : as-tu déjà mangé une chauve-souris ? » quand, tout à coup, patatra ! Elle tomba sur un tas de branches et de feuilles mortes, et sa chute prit fin.

Alice ne se fit pas mal du tout, et fut de nouveau sur pieds en un instant : elle leva les yeux, mais tout était sombre au-dessus d'elle. Devant elle

Down, down, down. There was nothing else to do, so Alice soon began talking again. "Dinah'll miss me very much tonight, I should think!" (Dinah was the cat.) "I hope they'll remember her saucer of milk at tea-time. Dinah my dear! I wish you were down here with me! There are no mice in the air, I'm afraid, but you might catch a bat, and that's very like a mouse, you know. But do cats eat bats, I wonder?" And here Alice began to get rather sleepy, and went on saying to herself, in a dreamy sort of way, "Do cats eat bats? Do cats eat bats?" and sometimes, "Do bats eat cats?" for you see, as she couldn't answer either question, it didn't much matter which way she put it. She felt that she was dozing off, and had just begun to dream that she was walking hand in hand with Dinah, and saying to her very earnestly, "Now, Dinah, tell me the truth: did you ever eat a bat?" when suddenly, thump! thump! down she came upon a heap of sticks and dry leaves, and the fall was over.

Alice was not a bit hurt, and she jumped up on to her feet in a moment: she looked up, but it was all dark overhead; before her was another

se trouvait un autre long couloir, et le Lapin Blanc était toujours à portée de vue, se hâtant de descendre. Il n'y avait pas une seconde à perdre : Alice fila comme le vent, et eut tout juste le temps de l'entendre dire, alors qu'il tournait dans un coin, « Par mes oreilles et mes moustaches, comme il se fait tard ! » Elle tourna à l'angle juste après lui, mais le Lapin avait disparu et elle se retrouva dans une longue salle au plafond bas, éclairée par une rangée de lampes suspendues.

Il y avait des portes tout autour de la salle, mais elles étaient toutes verrouillées ; et quand Alice eut fini de descendre d'un côté et de remonter de l'autre, essayant chaque porte, elle se mit à marcher tristement au milieu, se demandant comment elle allait bien pouvoir en sortir.

Soudain, elle tomba sur une petite table à trois pieds, toute faite de verre massif ; il n'y avait rien dessus à part une minuscule clé dorée, et la première pensée d'Alice fut qu'elle pourrait appartenir à l'une des portes de la salle. Mais, hélas, soit les serrures étaient trop grandes, soit la clé était trop petite, mais en tout cas elle n'ouvrait aucune d'elles. Cependant, quand Alice fit le tour une deuxième fois, elle découvrit un rideau bas qu'elle n'avait pas remarqué auparavant, derrière lequel se trouvait une petite porte d'environ quarante centimètres de haut : elle

long passage, and the White Rabbit was still in sight, hurrying down it. There was not a moment to be lost: away went Alice like the wind, and was just in time to hear it say, as it turned a corner, "Oh my ears and whiskers, how late it's getting!" She was close behind it when she turned the corner, but the Rabbit was no longer to be seen: she found herself in a long, low hall, which was lit up by a row of lamps hanging from the roof.

There were doors all round the hall, but they were all locked; and when Alice had been all the way down one side and up the other, trying every door, she walked sadly down the middle, wondering how she was ever to get out again.

Suddenly she came upon a little three-legged table, all made of solid glass; there was nothing on it except a tiny golden key, and Alice's first thought was that it might belong to one of the doors of the hall; but, alas! either the locks were too large, or the key was too small, but at any rate it would not open any of them. However, on the second time round, she came upon a low curtain she had not noticed before, and behind it was a little door about fifteen inches high: she tried the little golden key in the lock, and to her great delight it fitted!

essaya la petite clé dorée dans la serrure et, à son grand plaisir, elle rentrait parfaitement !

Alice ouvrit la porte et découvrit qu'elle menait vers un petit couloir, pas beaucoup plus grand qu'un trou à rats : elle s'agenouilla, regarda le long du couloir et aperçu le plus beau jardin jamais imaginé. Elle avait tellement envie de sortir de cette salle sombre et de se promener parmi ces parterres de fleurs éclatantes et ces fraîches fontaines, mais elle ne pouvait même pas passer la tête par la porte. « Et, même si ma tête passait, » pensa la pauvre Alice, « ce serait très peu utile sans mes épaules. Oh, comme j'aimerais pouvoir me replier sur moi-même comme une

Alice opened the door and found that it led into a small passage, not much larger than a rat-hole: she knelt down and looked along the passage into the loveliest garden you ever saw. How she longed to get out of that dark hall, and wander about among those beds of bright flowers and those cool fountains, but she could not even get her head through the doorway; "and even if my head would go through," thought poor Alice, "it would be of very little use without my shoulders. Oh, how I wish I could shut up like a telescope! I think I could, if I only knew how to

longue-vue ! Je pense que je pourrais y arriver si seulement je savais par où commencer. » Car, voyez-vous, tant de choses inhabituelles s'étaient produites ces dernières heures qu'Alice avait commencé à penser que très peu de choses étaient finalement impossibles.

begin." For, you see, so many out-of-the-way things had happened lately, that Alice had begun to think that very few things indeed were really impossible.

Comme il semblait inutile d'attendre près de la petite porte, elle retourna vers la table, espérant qu'elle y trouverait une autre clé, ou en tous cas un mode d'emploi pour se rétrécir soi-même tel un télescope : cette fois, elle y trouva une petite bouteille (« qui n'était certainement pas là avant, » dit Alice) et autour du goulot de la bouteille se trouvait une étiquette en papier avec les mots « BUVEZ-MOI » magnifiquement imprimés en grosses lettres.

There seemed to be no use in waiting by the little door, so she went back to the table, half hoping she might find another key on it, or at any rate a book of rules for shutting people up like telescopes: this time she found a little bottle on it, ("which certainly was not here before," said Alice,) and round the neck of the bottle was a paper label, with the words "DRINK ME," beautifully printed on it in large letters.

C'était bien joli de dire : « BUVEZ-MOI, » mais notre petite Alice n'allait pas se précipiter ainsi. « Non, je vais d'abord bien regarder, pensa-t-elle, pour voir s'il n'est pas écrit "poison;" » car elle avait lu plusieurs charmantes petites histoires où il était question d'enfants brûlés, ou dévorés par des bêtes féroces, ou victimes de différentes mésaventures, tout cela uniquement parce qu'ils avaient refusé de se rappeler les simples règles de conduite que leurs amis leur avaient enseignées : par exemple, qu'un tisonnier chauffé au rouge vous brûle si vous le tenez trop longtemps, ou que, si vous vous faites au doigt

It was all very well to say "DRINK ME," but the wise little Alice was not going to do that in a hurry. "No, I'll look first," she said, "and see whether it's marked 'poison' or not;" for she had read several nice little histories about children who had got burnt, and eaten up by wild beasts and other unpleasant things, all because they would not remember the simple rules their friends had taught them: such as, that a red-hot poker will burn you if you hold it too long; and that if you cut your finger very deeply with a knife, it usually bleeds; and she had never forgotten that, if you drink much from a bottle marked 'poison,'

une coupure très profonde avec un couteau, votre doigt, d'ordinaire, se met à saigner ; et Alice n'avait jamais oublié que si l'on boit une bonne partie du contenu d'une bouteille portant l'étiquette « poison, » cela causera tôt ou tard des ennuis.

it is almost certain to disagree with you, sooner or later.

Cependant, il n'y avait pas écrit « poison » sur la bouteille, alors Alice se hasarda à en goûter le contenu, et le trouva très bon (il avait en fait une sorte de saveur mélangée de tarte à la cerise, de crème anglaise, d'ananas, de dinde rôtie, de caramel et de tartines beurrées), et elle but donc le liquide d'une traite.

However, this bottle was not marked 'poison,' so Alice ventured to taste it, and finding it very nice, (it had, in fact, a sort of mixed flavour of cherry-tart, custard, pine-apple, roast turkey, toffee, and hot buttered toast,) she very soon finished it off.

« Quelle sensation étrange ! » dit Alice. « Je dois être en train de me

"What a curious feeling!" said Alice; "I must be shutting up like a

replier sur moi-même comme une longue-vue ! »

Et c'était effectivement le cas : elle ne mesurait plus que vingt-cinq centimètres de haut, et son visage s'illumina à la pensée qu'elle faisait maintenant la taille parfaite pour franchir la petite porte de ce joli jardin. Mais d'abord, elle attendit quelques minutes pour voir si elle allait encore rétrécir : elle se sentait un peu nerveuse à ce sujet ; « car je pourrais finir par disparaître, vous savez, » se dit Alice, « comme une bougie. Je me demande à quoi je ressemblerais alors ? » Et elle essaya d'imaginer à quoi ressemble la flamme d'une bougie après que la bougie a été soufflée, car elle ne se souvenait pas d'avoir jamais vu une telle chose.

Au bout d'un moment, constatant qu'il ne se passait plus rien, elle décida de se rendre dans le jardin mais, malheureusement pour la pauvre Alice, quand elle arriva vers la porte, elle réalisa qu'elle avait oublié la petite clé dorée, et constata, en retournant vers la table pour la chercher, qu'elle ne pouvait plus l'atteindre : elle pouvait la voir très clairement à travers le verre, et elle essaya de toutes ses forces de grimper sur l'un des pieds de la table, mais il était trop glissant et, quand elle se retrouva épuisée d'essayer, la pauvre petite fille s'assit et pleura.

telescope."

And so it was indeed: she was now only ten inches high, and her face brightened up at the thought that she was now the right size for going through the little door into that lovely garden. First, however, she waited for a few minutes to see if she was going to shrink any further: she felt a little nervous about this; "for it might end, you know," said Alice to herself, "in my going out altogether, like a candle. I wonder what I should be like then?" And she tried to fancy what the flame of a candle is like after the candle is blown out, for she could not remember ever having seen such a thing.

After a while, finding that nothing more happened, she decided on going into the garden at once; but, alas for poor Alice, when she got to the door, she found she had forgotten the little golden key, and when she went back to the table for it, she found she could not possibly reach it: she could see it quite plainly through the glass, and she tried her best to climb up one of the legs of the table, but it was too slippery; and when she had tired herself out with trying, the poor little thing sat down and cried.

«Allez, ça ne sert à rien de pleurer comme ça!» se dit brusquement Alice. «Je te conseille de t'arrêter tout de suite!» Elle avait coutume de se donner de très bons conseils (quoiqu'elle ne les suivît guère), et parfois, elle se réprimandait si sévèrement que les larmes lui venaient aux yeux. Elle se rappelait qu'un jour elle avait essayé de se gifler pour avoir triché au cours d'une partie de croquet qu'elle jouait contre elle-même, car cette étrange enfant aimait beaucoup faire semblant d'être deux personnes différentes. «Mais c'est bien inutile à présent, pensa la pauvre Alice, de faire semblant d'être deux! C'est tout juste s'il reste assez de moi-même pour former une seule personne digne de ce nom!»

Bientôt, son regard se posa sur une petite boîte de verre placée sous la table; elle l'ouvrit et y trouva un tout petit gâteau sur lequel les mots: «MANGEZ-MOI» étaient très joliment tracés avec des raisins de Corinthe. «Et bien, je vais le manger, dit Alice; s'il me fait grandir je pourrai atteindre la clé; s'il me fait rapetisser, je pourrai me glisser sous la porte. D'une façon ou d'une autre j'irai dans le jardin, et ensuite, advienne que pourra.»

Elle mangea un petit bout de gâteau, et se dit avec anxiété: «Vers le haut ou vers le bas?» en posant sa main sur le haut de sa tête pour sentir si elle allait grandir ou rapetisser. Or, elle

"Come, there's no use in crying like that!" said Alice to herself, rather sharply; "I advise you to leave off this minute!" She generally gave herself very good advice, (though she very seldom followed it), and sometimes she scolded herself so severely as to bring tears into her eyes; and once she remembered trying to box her own ears for having cheated herself in a game of croquet she was playing against herself, for this curious child was very fond of pretending to be two people. "But it's no use now," thought poor Alice, "to pretend to be two people! Why, there's hardly enough of me left to make one respectable person!"

Soon her eye fell on a little glass box that was lying under the table: she opened it, and found in it a very small cake, on which the words "EAT ME" were beautifully marked in currants. "Well, I'll eat it," said Alice, "and if it makes me grow larger, I can reach the key; and if it makes me grow smaller, I can creep under the door; so either way I'll get into the garden, and I don't care which happens!"

She ate a little bit, and said anxiously to herself, "Which way? Which way?" holding her hand on the top of her head to feel which way it was growing, and she was quite surprised

fut toute surprise de constater qu'elle gardait toujours la même taille : bien sûr, c'est généralement ce qui arrive quand on mange des gâteaux, mais Alice avait tant pris l'habitude que des choses extraordinaires lui arrivent que la vie normale lui semblait à présent bien insipide.

Alors, elle se remit à la tâche et eut bientôt englouti le gâteau jusqu'à la dernière miette.

to find that she remained the same size: to be sure, this generally happens when one eats cake, but Alice had got so much into the way of expecting nothing but out-of-the-way things to happen, that it seemed quite dull and stupid for life to go on in the common way.

So she set to work, and very soon finished off the cake.

Chapitre 2 : La mare de larmes

Chapter 2: The Pool of Tears

« De plus curieux au plus curieux ! » s'écria Alice (elle était si surprise qu'à cet instant, elle en oubliait comment parler anglais) : « Maintenant, je m'ouvre comme le plus grand télescope qui ait jamais existé ! Au revoir, mes pieds ! » (car quand elle baissa les yeux sur ses pieds, ils semblaient presque hors de vue, tant ils s'éloignaient). « Oh, mes pauvres petits pieds, je me demande qui va enfiler vos chaussures et vos bas pour vous maintenant, mes chéris ? Je suis sûre que je n'en serai plus capable ! Je serai bien trop loin pour me soucier de vous : vous devrez faire du mieux que vous pourrez - mais je dois être

"Curiouser and curiouser!" cried Alice (she was so much surprised that for the moment she quite forgot how to speak good English); "now I'm opening out like the largest telescope that ever was! Good-bye, feet!" (for when she looked down at her feet, they seemed to be almost out of sight, they were getting so far off). "Oh, my poor little feet, I wonder who will put on your shoes and stockings for you now, dears? I'm sure I shan't be able! I shall be a great deal too far off to trouble myself about you: you must manage the best way you can;—but I must be kind to them," thought Alice, "or perhaps they won't walk the way I

gentille avec eux, » pensa Alice, « ou peut-être qu'ils n'iront plus où je veux aller ! Voyons voir : je leur offrirai une nouvelle paire de bottes pour chaque Noël. »

Et elle continua à planifier dans sa tête comment elle allait gérer cela. « Je devrai les envoyer par courrier, » pensa-t-elle ; « et comme cela semblera comique, d'envoyer des cadeaux à ses propres pieds ! Et comme les adresses seront étranges !

À Monsieur Lepiedroit d'Alice,
Tapis de la cheminée,
Près du garde-feu.
(Affectueusement, Alice)

Mon Dieu mais quelles absurdités suis-je en train de raconter ! » À ce moment-là, sa tête heurta le toit de la salle : en fait, elle mesurait à présent près de 3 mètres de haut, et elle prit alors aussitôt la petite clé dorée pour se précipiter vers la porte du jardin.

Pauvre Alice ! C'était tout ce qu'elle pouvait faire : allongée sur le côté, pour regarder d'un œil à travers la porte du jardin ; mais passer était plus désespéré que jamais : elle se rassit et se remit à pleurer.

« Tu devrais avoir honte de toi, » se dit Alice, « une grande fille comme toi, » (vue sa taille, le mot était approprié), « continuer à pleurer de la sorte ! Arrête tout de suite, je te le dis ! » Mais elle continua à pleurer, versant

want to go! Let me see: I'll give them a new pair of boots every Christmas."

And she went on planning to herself how she would manage it. "They must go by the carrier," she thought; "and how funny it'll seem, sending presents to one's own feet! And how odd the directions will look!

Alice's Right Foot, Esq.,
Hearthrug,
near the Fender,
(with Alice's love)

Oh dear, what nonsense I'm talking!" Just then her head struck against the roof of the hall: in fact she was now more than nine feet high, and she at once took up the little golden key and hurried off to the garden door.

Poor Alice! It was as much as she could do, lying down on one side, to look through into the garden with one eye; but to get through was more hopeless than ever: she sat down and began to cry again.

"You ought to be ashamed of yourself," said Alice, "a great girl like you," (she might well say this), "to go on crying in this way! Stop this moment, I tell you!" But she went on all the same, shedding gallons of

des torrents de larmes, si bien qu'elle se vit à la fin entourée d'une grande mare, profonde d'environ quatre pouces et s'étendant jusqu'au milieu de la salle.

Au bout d'un moment, elle entendit de petits bruits de pas au loin, et elle essuya ses larmes à la hâte pour voir ce qui approchait. C'était le Lapin Blanc qui revenait, magnifiquement vêtu, avec une paire de gants de chevreau blancs dans une main et un grand éventail dans l'autre : il est venu au trot en toute hâte, marmonnant pour lui-même : « Oh ! la Duchesse, la Duchesse ! Oh ! Elle va devenir folle si je la fais attendre ! » Alice se sentait si désespérée qu'elle était prête à demander de l'aide à

tears, until there was a large pool all round her, about four inches deep and reaching half down the hall.

After a time she heard a little pattering of feet in the distance, and she hastily dried her eyes to see what was coming. It was the White Rabbit returning, splendidly dressed, with a pair of white kid gloves in one hand and a large fan in the other: he came trotting along in a great hurry, muttering to himself as he came, "Oh! the Duchess, the Duchess! Oh! won't she be savage if I've kept her waiting!" Alice felt so desperate that she was ready to ask help of any one; so, when the Rabbit came near

n'importe qui. Alors, quand le Lapin s'approcha d'elle, elle commença d'une voix basse et timide : « S'il vous plaît, monsieur... » Le Lapin sursauta violemment, laissant tomber les gants blancs et l'éventail, et se précipita dans l'obscurité, fuyant aussi vite qu'il le pouvait.

Alice prit l'éventail et les gants, et comme il faisait chaud dans la salle, elle continua à s'éventer tout en poursuivant : « Mon Dieu, mon Dieu ! Comme tout est étrange aujourd'hui ! Hier pourtant, les choses se sont déroulées comme d'habitude. Je me demande si je n'aurais pas été échangée durant la nuit ? Laissez-moi réfléchir : étais-je la même quand je me suis réveillée ce matin ? Je pense presque pouvoir me souvenir de m'être sentie un peu différente. Mais si je ne suis pas la même, la question est : Qui suis-je enfin ? Ah, quel grand casse-tête ! » Et elle commença à réfléchir à tous les enfants qu'elle connaissait et qui avaient le même âge qu'elle, pour voir si elle aurait pu être échangée avec l'un d'entre eux.

« Je suis sûre que je ne suis pas Ada, » dit-elle, « car ses cheveux sont si longs et bouclés, alors que les miens ne sont pas du tout bouclés. Et je suis sûre que je ne peux pas être Mabel, car je sais toutes sortes de choses, et elle, oh ! elle en sait si peu ! En plus, elle est elle, et je suis moi, et - oh là là, comme tout cela est déroutant !

her, she began, in a low, timid voice, "If you please, sir—" The Rabbit started violently, dropped the white kid gloves and the fan, and skurried away into the darkness as hard as he could go.

Alice took up the fan and gloves, and, as the hall was very hot, she kept fanning herself all the time she went on talking: "Dear, dear! How queer everything is to-day! And yesterday things went on just as usual. I wonder if I've been changed in the night? Let me think: was I the same when I got up this morning? I almost think I can remember feeling a little different. But if I'm not the same, the next question is, who in the world am I? Ah, that's the great puzzle!" And she began thinking over all the children she knew that were of the same age as herself, to see if she could have been changed for any of them.

"I'm sure I'm not Ada," she said, "for her hair goes in such long ringlets, and mine doesn't go in ringlets at all; and I'm sure I can't be Mabel, for I know all sorts of things, and she, oh! she knows such a very little! Besides, she's she, and I'm I, and—oh dear, how puzzling it all is! I'll try if I know all the things I used to know. Let me

Je vais essayer de tester tout ce que je savais. Voyons voir : quatre fois cinq font douze, quatre fois six font treize, et quatre fois sept font... oh ! Je n'atteindrai jamais vingt à ce rythme ! Cependant, la table de multiplication ne prouve rien : essayons la géographie. Londres est la capitale de Paris, et Paris est la capitale de Rome, et Rome - non, c'est tout faux, j'en suis sûre ! J'ai dû être échangée avec Mabel ! Je vais essayer de dire « Comment va la petite... » Et elle croisa les mains sur ses genoux comme si elle récitait ses leçons, et commença à répéter, mais sa voix était rauque et étrange, et les mots ne lui venaient plus comme avant :

« Maître Corbeau sur un arbre perché,
Faisait son nid entre des branches ;
Il avait relevé ses manches,
Car il était très-affairé.
Maître Renard, par là passant,
Lui dit : "Descendez donc, compère ;
Venez embrasser votre frère."
Le Corbeau, le reconnaissant,
Lui répondit en son ramage :
"Fromage." »

« Je suis sûre que ce ne sont pas les bons mots, » dit la pauvre Alice, et ses yeux se remplirent à nouveau de larmes. Elle continua, « je dois être Mabel après tout, et je vais devoir vivre dans cette petite maison minable, et je n'ai pratiquement pas de jouets avec lesquels jouer, et oh ! tant de leçons à apprendre ! Non,

see: four times five is twelve, and four times six is thirteen, and four times seven is—oh dear! I shall never get to twenty at that rate! However, the multiplication table doesn't signify: let's try geography. London is the capital of Paris, and Paris is the capital of Rome, and Rome—no, that's all wrong, I'm certain! I must have been changed for Mabel! I'll try and say 'How doth the little—'" and she crossed her hands on her lap as if she were saying lessons, and began to repeat it, but her voice sounded hoarse and strange, and the words did not come the same as they used to do:—

"How doth the little crocodile
Improve his shining tail,
And pour the waters of the Nile
On every golden scale!
"How cheerfully he seems to grin,
How neatly spread his claws,
And welcome little fishes in
With gently smiling jaws!"

"I'm sure those are not the right words," said poor Alice, and her eyes filled with tears again as she went on, "I must be Mabel after all, and I shall have to go and live in that poky little house, and have next to no toys to play with, and oh! ever so many lessons to learn! No, I've made up my mind about it; if I'm Mabel, I'll

j'ai pris ma décision à ce sujet ; si je suis Mabel, je resterai ici ! Il leur sera inutile de me regarder et de dire : « Reviens, ma chère ! » Je ne ferai que lever les yeux et dire : « Qui suis-je alors ? Dites-moi cela d'abord, et ensuite, si j'aime être cette personne, je viendrai. Sinon, je resterai ici jusqu'à ce que je sois quelqu'un d'autre - mais, oh là là ! » s'écria Alice en fondant en larmes, « J'aimerais tellement qu'ils regardent dans ma direction ! Je suis tellement fatiguée d'être toute seule ici ! »

En disant cela, elle regarda ses mains et fut surprise de voir qu'elle avait enfilé l'un des petits gants blancs du Lapin pendant qu'elle parlait. « Comment ai-je pu faire ça ? »

stay down here! It'll be no use their putting their heads down and saying 'Come up again, dear!' I shall only look up and say 'Who am I then? Tell me that first, and then, if I like being that person, I'll come up: if not, I'll stay down here till I'm somebody else'—but, oh dear!" cried Alice, with a sudden burst of tears, "I do wish they would put their heads down! I am so very tired of being all alone here!"

As she said this she looked down at her hands, and was surprised to see that she had put on one of the Rabbit's little white kid gloves while she was talking. "How can I have

pensa-elle. « Je dois être en train de rétrécir à nouveau. » Elle se leva et se dirigea vers la table pour se mesurer à celle-ci, et découvrit que, autant qu'elle pouvait le deviner, elle mesurait maintenant environ 70 centimètres de haut et continuait à rétrécir rapidement : elle découvrit bientôt que la cause en était l'éventail qu'elle tenait, et elle le laissa tomber à la hâte, juste à temps pour éviter de rétrécir jusqu'à néant.

« Il s'en est fallu de peu ! » dit Alice, tout à fait effrayée du changement soudain, mais très heureuse de se trouver encore en vie. « Et maintenant, vite, au jardin ! » et elle courut à toute vitesse vers la petite porte : mais hélas ! la petite porte s'était refermée, et la petite clé dorée était posée sur la table en verre comme avant, « et les choses sont pires que jamais, » pensa la pauvre enfant, « car je n'ai jamais été aussi petite, jamais ! Et je dois bien admettre que c'est dommage, mais c'est ainsi ! »

Alors qu'elle prononçait ces mots, son pied glissa, et l'instant d'après : plouf ! elle était dans l'eau salée jusqu'au menton. Sa première idée fut qu'elle était tombée à la mer, elle ne savait comment, « et dans ce cas, je peux rentrer par le chemin de fer, » se dit-elle. (Alice avait été au bord de la mer une fois dans sa vie et était parvenue à la conclusion générale que partout où vous allez

done that?" she thought. "I must be growing small again." She got up and went to the table to measure herself by it, and found that, as nearly as she could guess, she was now about two feet high, and was going on shrinking rapidly: she soon found out that the cause of this was the fan she was holding, and she dropped it hastily, just in time to avoid shrinking away altogether.

"That was a narrow escape!" said Alice, a good deal frightened at the sudden change, but very glad to find herself still in existence; "and now for the garden!" and she ran with all speed back to the little door: but, alas! the little door was shut again, and the little golden key was lying on the glass table as before, "and things are worse than ever," thought the poor child, "for I never was so small as this before, never! And I declare it's too bad, that it is!"

As she said these words her foot slipped, and in another moment, splash! she was up to her chin in salt water. Her first idea was that she had somehow fallen into the sea, "and in that case I can go back by railway," she said to herself. (Alice had been to the seaside once in her life, and had come to the general conclusion, that wherever you go to on the English coast you find a number of bathing

sur la côte britannique, vous trouvez un certain nombre de machines pour se baigner dans la mer, des enfants creusant dans le sable avec des pelles en bois, puis une rangée de maisons d'hébergement, et derrière celles-ci : une gare.) Cependant, elle s'aperçut bientôt qu'elle était dans la mare de larmes qu'elle avait pleurées quand elle mesurait encore 3 mètres de haut.

« Si j'avais su, je n'aurais pas pleuré autant ! » dit Alice en nageant, essayant de trouver son chemin. « J'en serai punie maintenant je suppose, en me noyant dans mes propres larmes ! Il est certain que ce sera une bien étrange chose ! Cependant, tout est étrange aujourd'hui. »

À cet instant, elle entendit quelque chose éclabousser dans la mare un peu plus loin, et elle nagea pour se rapprocher au plus près afin de comprendre ce que c'était : au début, elle pensa que c'était un morse ou un hippopotame, mais elle se souvint ensuite à quel point elle était petite maintenant, et elle comprit bientôt que ce n'était qu'une souris qui avait glissé comme elle.

« Serait-il utile, à présent, » pensa Alice, « de parler à cette souris ? Tout est tellement hors de propos ici, qu'il se pourrait bien qu'elle sache parler : en tout cas, il n'y a pas de mal à essayer. » Alors elle commença : « Ô Souris, savez-vous comment sortir

machines in the sea, some children digging in the sand with wooden spades, then a row of lodging houses, and behind them a railway station.) However, she soon made out that she was in the pool of tears which she had wept when she was nine feet high.

"I wish I hadn't cried so much!" said Alice, as she swam about, trying to find her way out. "I shall be punished for it now, I suppose, by being drowned in my own tears! That will be a queer thing, to be sure! However, everything is queer to-day."

Just then she heard something splashing about in the pool a little way off, and she swam nearer to make out what it was: at first she thought it must be a walrus or hippopotamus, but then she remembered how small she was now, and she soon made out that it was only a mouse that had slipped in like herself.

"Would it be of any use, now," thought Alice, "to speak to this mouse? Everything is so out-of-the-way down here, that I should think very likely it can talk: at any rate, there's no harm in trying." So she began: "O Mouse, do you know the

de cette mare ? Je suis très fatiguée à force de nager, ô Souris ! » (Alice pensait que c'était la bonne façon de s'adresser à une souris : elle n'avait jamais fait une telle chose auparavant, mais elle se souvenait avoir vu dans la Grammaire latine de son frère, « La souris - d'une souris - à la souris - une souris - Ô souris ! »). La Souris la regarda d'un air plutôt curieux et lui sembla cligner de l'œil avec l'un de ses petits yeux, mais ne dit rien.

« Peut-être qu'elle ne comprend pas l'anglais, » pensa Alice. « Il s'agit sûrement d'une souris française, venue avec avec Guillaume le Conquérant. » (Car, avec toutes ses connaissances en histoire, Alice n'avait aucune idée précise de la

date à laquelle s'était produit quoi que ce soit.) Alors elle recommença : « Où est ma chatte ? » ce qui était la première phrase de son livre de cours de français. La souris fit brusquement un saut hors de l'eau et sembla trembler de peur. « Oh, je vous demande pardon ! » s'écria Alice à la hâte, effrayée à l'idée d'avoir heurté la sensibilité de l'animal. « J'avais oublié que vous n'aimiez pas les chats. »

« Aimer les chats ? » s'écria la Souris d'une voix aiguë et passionnée. « Aimeriez-vous les chats si vous étiez à ma place ? »

« Eh bien, peut-être pas, » dit Alice sur un ton apaisant : « ne soyez pas en colère à ce propos. Et pourtant, j'aimerais pouvoir vous présenter notre chatte Dinah : je pense que vous aimeriez les chats si vous pouviez la rencontrer. Elle est si douce et gentille, » continua Alice, à moitié pour elle-même, tout en nageant paresseusement dans la mare de larmes. « Et elle est si jolie lorsqu'elle s'allonge, ronronnant près du feu, se léchant les pattes et faisant sa toilette - et elle est une créature si douce et gentille lorsque l'on prend soin d'elle - et elle est si douée pour attraper les souris - Oh, je vous demande pardon ! » cria à nouveau Alice, car cette fois la Souris était hérissée de partout, et elle était certaine qu'elle devait être réellement offensée. « Nous n'en parlerons plus si vous préférez. »

began again: "Où est ma chatte?" which was the first sentence in her French lesson-book. The Mouse gave a sudden leap out of the water, and seemed to quiver all over with fright. "Oh, I beg your pardon!" cried Alice hastily, afraid that she had hurt the poor animal's feelings. "I quite forgot you didn't like cats."

"Not like cats!" cried the Mouse, in a shrill, passionate voice. "Would you like cats if you were me?"

"Well, perhaps not," said Alice in a soothing tone: "don't be angry about it. And yet I wish I could show you our cat Dinah: I think you'd take a fancy to cats if you could only see her. She is such a dear quiet thing," Alice went on, half to herself, as she swam lazily about in the pool, "and she sits purring so nicely by the fire, licking her paws and washing her face— and she is such a nice soft thing to nurse—and she's such a capital one for catching mice—oh, I beg your pardon!" cried Alice again, for this time the Mouse was bristling all over, and she felt certain it must be really offended. "We won't talk about her any more if you'd rather not."

« En effet ! » s'écria la Souris qui tremblait jusqu'au bout de sa queue. « Comme si je voulais parler d'une telle chose ! Notre famille a toujours détesté les chats : ce sont des choses méchantes, cruelles et vulgaires ! Ne prononcez plus ce mot ! »

« Je ne le ferai plus c'est promis ! » dit Alice, pressée de changer de sujet de conversation. « Êtes-vous... aimez-vous… les chiens ? » Comme la Souris ne répondit pas, Alice continua avec empressement : «Il y a un si gentil petit chien près de chez nous que je voudrais vous présenter ! Un petit terrier aux yeux brillants, vous savez, avec oh, de si longs poils bruns et bouclés ! Et il va chercher les choses que vous lui envoyez, et il va s'asseoir et réclamer son dîner, et toutes sortes de choses - je ne me souviens pas de la moitié d'entre elles - et il appartient à un fermier, vous savez, et il dit que c'est si utile que ça vaut cent livres ! Il dit qu'il tue tous les rats et... Oh ! » s'écria Alice d'un ton triste, « J'ai peur de l'avoir offensée à nouveau ! » Car la Souris se sauva en nageant aussi vite que possible, agitant l'eau de la mare sur son passage.

Alors elle l'appela doucement : « Ma chère souris ! Revenez et nous ne parlerons plus de chats ni de chiens, si vous ne les aimez pas ! » Quand la souris entendit cela, elle se retourna et nagea lentement vers elle : son

"We indeed!" cried the Mouse, who was trembling down to the end of his tail. "As if I would talk on such a subject! Our family always hated cats: nasty, low, vulgar things! Don't let me hear the name again!"

"I won't indeed!" said Alice, in a great hurry to change the subject of conversation. "Are you—are you fond—of—of dogs?" The Mouse did not answer, so Alice went on eagerly: "There is such a nice little dog near our house I should like to show you! A little bright-eyed terrier, you know, with oh, such long curly brown hair! And it'll fetch things when you throw them, and it'll sit up and beg for its dinner, and all sorts of things—I can't remember half of them—and it belongs to a farmer, you know, and he says it's so useful, it's worth a hundred pounds! He says it kills all the rats and—oh dear!" cried Alice in a sorrowful tone, "I'm afraid I've offended it again!" For the Mouse was swimming away from her as hard as it could go, and making quite a commotion in the pool as it went.

So she called softly after it, "Mouse dear! Do come back again, and we won't talk about cats or dogs either, if you don't like them!" When the Mouse heard this, it turned round and swam slowly back to her: its

visage était assez pâle (à cause de ses émotions, pensa Alice), et elle dit d'une voix basse et tremblante : « Allons jusqu'au rivage, je vais vous raconter mon histoire et vous comprendrez pourquoi je déteste les chats et les chiens. »

Il était grand temps d'y aller, car la mare commençait à être encombrée d'oiseaux et d'animaux qui y étaient tombés : il y avait un canard et un dodo, un loris et un aiglon, et plusieurs autres curieuses créatures. Alice ouvrit la voie et tout ce beau monde nagea jusqu'au rivage.

face was quite pale (with passion, Alice thought), and it said in a low trembling voice, "Let us get to the shore, and then I'll tell you my history, and you'll understand why it is I hate cats and dogs."

It was high time to go, for the pool was getting quite crowded with the birds and animals that had fallen into it: there were a Duck and a Dodo, a Lory and an Eaglet, and several other curious creatures. Alice led the way, and the whole party swam to the shore.

Chapitre 3 : La course cocasse

Chapter 3: A Caucus-Race and a Long Tale

Tous avaient l'air en effet bien étrange, rassemblés là sur la rive - les oiseaux avaient les plumes en désordre, les animaux avaient leur fourrure plaquée contre eux. Ils étaient trempés, de mauvaise humeur et gênés.

They were indeed a queer-looking party that assembled on the bank— the birds with draggled feathers, the animals with their fur clinging close to them, and all dripping wet, cross, and uncomfortable.

La première question était bien sûr de trouver le moyen de se sécher : ils se concertèrent à ce sujet, et après quelques minutes, il sembla tout naturel à Alice de se retrouver à parler familièrement avec eux, comme si elle les connaissait depuis toujours. En effet, elle eut une assez longue dispute avec le Lori, qui finit

The first question of course was, how to get dry again: they had a consultation about this, and after a few minutes it seemed quite natural to Alice to find herself talking familiarly with them, as if she had known them all her life. Indeed, she had quite a long argument with the Lory, who at last turned sulky, and

par bouder, et ne cessait de dire : « Je suis plus âgé que vous, je dois savoir plus de choses ; » mais Alice ne l'admettrait pas sans connaître son âge et, comme le Lori refusait catégoriquement de dire son âge, il n'y avait plus rien à dire.

Enfin, la Souris, qui semblait être une personne d'autorité parmi eux, cria : « Asseyez-vous tous et écoutez-moi ! Je vais bientôt vous faire sécher ! » Ils s'assirent tous en même temps, formant un grand cercle avec la souris au milieu. Alice gardait les yeux fixés sur elle avec anxiété, car elle était sûre qu'elle allait attraper un gros rhume si elle ne se séchait pas au plus vite.

« Hum Hum ! » dit la Souris d'un air important, « êtes-vous tous prêts ? C'est la chose la plus sèche que je connaisse.　Silence tout autour, s'il vous plaît ! « Guillaume le Conquérant, dont la cause était soutenue par le Pape, fut bientôt soumis par les Anglais, qui voulaient des chefs, et s'étaient récemment habitués à l'usurpation et à la conquête. Edwin et Morcar, les comtes de Mercie et de Northumbrie— »

« Brr ! » dit le Lori avec un frisson.

« Je vous demande pardon ! » dit la Souris en fronçant les sourcils, mais très poliment : « Avez-vous dit quelque chose ? »

would only say, "I am older than you, and must know better;" and this Alice would not allow without knowing how old it was, and, as the Lory positively refused to tell its age, there was no more to be said.

At last the Mouse, who seemed to be a person of authority among them, called out, "Sit down, all of you, and listen to me! I'll soon make you dry enough!" They all sat down at once, in a large ring, with the Mouse in the middle. Alice kept her eyes anxiously fixed on it, for she felt sure she would catch a bad cold if she did not get dry very soon.

"Ahem!" said the Mouse with an important air, "are you all ready? This is the driest thing I know. Silence all round, if you please! 'William the Conqueror, whose cause was favoured by the pope, was soon submitted to by the English, who wanted leaders, and had been of late much accustomed to usurpation and conquest. Edwin and Morcar, the earls of Mercia and Northumbria—'"

"Ugh!" said the Lory, with a shiver.

"I beg your pardon!" said the Mouse, frowning, but very politely: "Did you speak?"

« Moi ? Rien ! » répliqua vivement le Lori.

"Not I!" said the Lory hastily.

« Il m'avait semblé que si, » déclara la Souris. « Je continue : "Edwin et Morcar, les comtes de Mercie et de Northumbrie, se déclarèrent en sa faveur : et même Stigand, l'archevêque patriotique de Cantorbéry, jugea cela souhaitable..." »

"I thought you did," said the Mouse. "—I proceed. 'Edwin and Morcar, the earls of Mercia and Northumbria, declared for him: and even Stigand, the patriotic archbishop of Canterbury, found it advisable—'"

« Jugea quoi ? » dit le Canard.

"Found what?" said the Duck.

« Jugea cela, » répondit la Souris avec un air plutôt contrarié : « évidemment vous savez ce que "cela" signifie. »

"Found it," the Mouse replied rather crossly: "of course you know what 'it' means."

« Je sais suffisamment ce que "cela" signifie, quand je trouve une chose, » déclara le Canard : « C'est généralement une grenouille ou un ver. La question est, qu'est-ce que l'archevêque jugea ? »

"I know what 'it' means well enough, when I find a thing," said the Duck: "it's generally a frog or a worm. The question is, what did the archbishop find?"

La Souris ne prêta pas attention à la question, mais continua à la hâte : « - jugea bon d'aller avec Edgar Atheling rencontrer William pour lui offrir la couronne. Au début, la conduite de William était modérée. Mais l'insolence de ses Normands... » « Comment allez-vous, ma chère ? » poursuivit-elle, se tournant vers Alice tout en parlant.

The Mouse did not notice this question, but hurriedly went on, "'— found it advisable to go with Edgar Atheling to meet William and offer him the crown. William's conduct at first was moderate. But the insolence of his Normans—' How are you getting on now, my dear?" it continued, turning to Alice as it spoke.

« Plus trempée que jamais, » dit Alice d'un ton mélancolique : « cela ne semble pas du tout me sécher. »

"As wet as ever," said Alice in a melancholy tone: "it doesn't seem to dry me at all."

« Dans ce cas, » dit solennellement le Dodo en se levant, « je propose que la séance soit ajournée, pour l'adoption immédiate de remèdes plus énergiques... »

« Parle français ! » dit l'Aiglon. « Je ne connais pas la signification de la moitié de ces longs mots et, par ailleurs, je ne crois pas que vous les connaissiez vous-même ! » Et l'Aiglon pencha la tête pour dissimuler un sourire : certains des autres oiseaux ricanèrent de manière audible.

« Ce que je m'apprêtais à dire, » dit le Dodo d'un ton offensé, « c'est que la meilleure chose pour nous sécher serait une Course cocasse. »

« Qu'est-ce qu'une Course cocasse ? » dit Alice ; non qu'elle veuille le savoir, mais le Dodo s'était arrêté comme s'il pensait que quelqu'un devait parler, et personne d'autre ne semblait enclin à dire quoi que ce soit.

« Eh bien » dit le Dodo, « la meilleure façon de l'expliquer est de le faire. » (Et, comme vous aimeriez peut-être essayer la chose vous-même, un jour d'hiver, je vais vous raconter comment le Dodo s'y prit).

D'abord, il traça une piste de course, en une sorte de cercle (« la forme exacte n'a pas d'importance, » dit-il), puis tout le groupe fut placé le long du parcours, ici et là. Il n'y eut pas

"In that case," said the Dodo solemnly, rising to its feet, "I move that the meeting adjourn, for the immediate adoption of more energetic remedies—"

"Speak English!" said the Eaglet. "I don't know the meaning of half those long words, and, what's more, I don't believe you do either!" And the Eaglet bent down its head to hide a smile: some of the other birds tittered audibly.

"What I was going to say," said the Dodo in an offended tone, "was, that the best thing to get us dry would be a Caucus-race."

"What is a Caucus-race?" said Alice; not that she wanted much to know, but the Dodo had paused as if it thought that somebody ought to speak, and no one else seemed inclined to say anything.

"Why," said the Dodo, "the best way to explain it is to do it." (And, as you might like to try the thing yourself, some winter day, I will tell you how the Dodo managed it.)

First it marked out a race-course, in a sort of circle, ("the exact shape doesn't matter," it said,) and then all the party were placed along the course, here and there. There was no

de « un, deux, trois, partez ! » mais ils purent commencer à courir quand ils le voulurent, et purent partir lorsqu'ils le souhaitèrent, de sorte qu'il n'était pas facile de savoir quand la course serait terminée. Cependant, alors qu'ils couraient depuis une demi-heure environ et étaient à nouveau suffisamment secs, le Dodo s'écria soudainement : « La course est terminée ! » et ils s'entassèrent autour de lui, haletant et demandant : « Mais qui a gagné ? »

Ne pouvant répondre à cette question sans une intense réflexion, le Dodo resta longuement assis, un doigt appuyé sur son front (la position dans laquelle vous voyez habituellement Shakespeare, sur ses portraits), tandis que le reste attendait en silence. Enfin, le Dodo déclara : « Tout le monde a gagné et tout le monde mérite un prix. »

« Mais qui doit remettre les prix ? » demandèrent-ils en chœur.

« Eh bien, elle, évidemment » dit le Dodo en pointant Alice du doigt. Et tout le groupe se pressa aussitôt autour d'elle, criant de manière confuse : « Des prix ! Des prix ! »

Alice n'avait aucune idée de ce qu'elle devait faire et, désespérée, elle mit la main dans sa poche, en sortit une boîte de dragées (heureusement que l'eau salée n'y était pas entrée), et les remit en récompense. Il y en

"One, two, three, and away," but they began running when they liked, and left off when they liked, so that it was not easy to know when the race was over. However, when they had been running half an hour or so, and were quite dry again, the Dodo suddenly called out "The race is over!" and they all crowded round it, panting, and asking, "But who has won?"

This question the Dodo could not answer without a great deal of thought, and it sat for a long time with one finger pressed upon its forehead (the position in which you usually see Shakespeare, in the pictures of him), while the rest waited in silence. At last the Dodo said, "Everybody has won, and all must have prizes."

"But who is to give the prizes?" quite a chorus of voices asked.

"Why, she, of course," said the Dodo, pointing to Alice with one finger; and the whole party at once crowded round her, calling out in a confused way, "Prizes! Prizes!"

Alice had no idea what to do, and in despair she put her hand in her pocket, and pulled out a box of comfits, (luckily the salt water had not got into it), and handed them round as prizes. There was exactly

avait juste assez pour tout le monde autour d'elle.

one a-piece, all round.

« Mais elle aussi doit avoir un prix, vous savez, » dit la Souris.

"But she must have a prize herself, you know," said the Mouse.

« Bien entendu, » répondit le Dodo, gravement. « Qu'avez-vous d'autre dans votre poche ? » continua-t-il en se tournant vers Alice.

"Of course," the Dodo replied very gravely. "What else have you got in your pocket?" he went on, turning to Alice.

« Seulement un dé à coudre » dit tristement Alice.

"Only a thimble," said Alice sadly.

« Remettez-le moi, » dit le Dodo.

"Hand it over here," said the Dodo.

Puis ils se rassemblèrent tous autour d'elle une fois de plus, tandis que le Dodo présentait solennellement le dé en disant : « Nous vous prions

Then they all crowded round her once more, while the Dodo solemnly presented the thimble, saying "We beg your acceptance of this elegant

d'accepter cet élégant dé à coudre. » Et, lorsqu'il eut terminé ce court discours, ils se mirent tous à applaudir.

Alice trouvait tout cela très absurde, mais ils semblaient tous si sérieux qu'elle n'osait pas rire. Et, comme elle ne trouvait rien à dire, elle s'inclina simplement et prit le dé, l'air aussi solennel que possible.

À présent il ne leur restait plus qu'à manger les dragées : cela causait du bruit et de la confusion, car les grands oiseaux se plaignaient que les leurs n'avaient aucun goût, et les petits s'étouffaient et devaient être tapotés dans le dos. Cependant, c'était enfin fini, et ils s'assirent à nouveau en cercle en suppliant la Souris de leur raconter quelque chose d'autre.

« Tu m'as promis de me raconter ton histoire, tu t'en souviens ? » dit Alice, « et pourquoi tu détestes - les chi... et les cha..., » ajouta-t-elle dans un murmure, à demi effrayée de l'offenser à nouveau.

« Mon histoire est longue et triste ! » soupira la Souris en se tournant vers Alice.

« En effet, tout comme votre queue, » dit Alice, regardant avec émerveillement la queue de la Souris ; « mais pourquoi dites-vous qu'elle est triste ? » Et elle continua à

thimble;" and, when it had finished this short speech, they all cheered.

Alice thought the whole thing very absurd, but they all looked so grave that she did not dare to laugh; and, as she could not think of anything to say, she simply bowed, and took the thimble, looking as solemn as she could.

The next thing was to eat the comfits: this caused some noise and confusion, as the large birds complained that they could not taste theirs, and the small ones choked and had to be patted on the back. However, it was over at last, and they sat down again in a ring, and begged the Mouse to tell them something more.

"You promised to tell me your history, you know?" said Alice, "and why it is you hate—C and D," she added in a whisper, half afraid that it would be offended again.

"Mine is a long and a sad tale!" said the Mouse, turning to Alice, and sighing.

"It is a long tail, certainly," said Alice, looking down with wonder at the Mouse's tail; "but why do you call it sad?" And she kept on puzzling about it while the Mouse was

s'interroger à ce sujet pendant que la Souris parlait, de sorte que son idée du conte ressemblait à ceci :

speaking, so that her idea of the tale was something like this:—

« Canichon dit
à la Souris,
Qu'il
rencontra
dans le
logis :
"Je crois
le moment
fort propice
De te faire
aller en justice.
Je ne
doute pas
du succès
Que doit
avoir
notre procès.
Vite, allons,
commençons
l'affaire.
Ce matin
je n'ai rien
à faire."
La Souris
dit à
Canichon :
"Sans juge
et sans
jurés,
mon bon !"
Mais
Canichon
plein de
malice
dit :
"C'est moi

"Fury said to a
mouse, That he
met in the
house,
'Let us
both go to
law: I will
prosecute
you.—Come,
I'll take no
denial; We
must have a
trial: For
really this
morning I've
nothing
to do.'
Said the
mouse to the
cur, 'Such
a trial,
dear sir,
With
no jury
or judge,
would be
wasting
our
breath.'
'I'll be
judge, I'll
be jury,'
Said
cunning
old Fury:
'I'll

qui suis
 la justice,
Et, que
 tu aies
raison
 ou tort,
Je vais te
 condamner
 à mort." »

try the
 whole
 cause,
 and
 condemn
 you
 to
 death.'"

« Tu n'es pas concentrée ! » dit sévèrement la Souris à Alice. « À quoi penses-tu ? »

"You are not attending!" said the Mouse to Alice severely. "What are you thinking of?"

« Je vous demande pardon, » dit Alice très humblement : « Vous étiez arrivée au cinquième virage, me semble-t-il ? »

"I beg your pardon," said Alice very humbly: "you had got to the fifth bend, I think?"

« Pas du tout ! » cria la Souris d'un ton sec.

"I had not!" cried the Mouse, sharply and very angrily.

« Des vers ? » dit Alice, toujours prête à se rendre utile et se montrant anxieuse. « Oh, puis-je vous en fournir quelques-uns ? »

"A knot!" said Alice, always ready to make herself useful, and looking anxiously about her. "Oh, do let me help to undo it!"

« Je ne ferai rien de tel, » dit la Souris en se levant et en s'éloignant. « Vous m'insultez en disant de telles absurdités ! »

"I shall do nothing of the sort," said the Mouse, getting up and walking away. "You insult me by talking such nonsense!"

« Je ne le pensais pas ! » plaida la pauvre Alice. « Mais vous êtes si facilement offensée, vous savez ! »

"I didn't mean it!" pleaded poor Alice. "But you're so easily offended, you know!"

La seule réponse de la Souris fut un grognement.

The Mouse only growled in reply.

« S'il vous plaît, revenez et terminez

"Please come back and finish your

votre histoire ! » appela Alice ; et les autres se joignirent à elle en chœur, « Oui, s'il vous plaît ! » mais la Souris secoua la tête avec impatience et marcha un peu plus vite.

« Quel dommage qu'elle ne reste pas ! » soupira le Lori, dès qu'elle fut tout à fait hors de vue ; et un vieux Crabe en profita pour dire à sa fille « Ah, ma chère ! Que ce soit une leçon pour vous de ne jamais perdre votre sang-froid ! » « Tenez votre langue, maman ! » dit le jeune Crabe un peu sèchement. « Vous feriez perdre patience à une huître ! »

« J'aurais aimé avoir notre Dinah ici, oh que oui ! » dit Alice à haute voix, ne s'adressant à personne en particulier. « Elle serait allée chercher la Souris ! »

« Et qui est Dinah, si je puis me permettre de vous poser la question ? » dit le Lori.

Alice répondit avec empressement, car elle était toujours prête à parler de son animal de compagnie : « Dinah est notre chatte. Et elle est très forte pour attraper les souris ! Et oh, j'aimerais que vous puissiez la voir courir après les oiseaux ! Eh bien, dès qu'elle en voit un, elle le mange ! »

Ce discours fit sensation dans le groupe. Certains des oiseaux s'enfuirent : une vieille Pie commença à se protéger avec ses

story!" Alice called after it; and the others all joined in chorus, "Yes, please do!" but the Mouse only shook its head impatiently, and walked a little quicker.

"What a pity it wouldn't stay!" sighed the Lory, as soon as it was quite out of sight; and an old Crab took the opportunity of saying to her daughter "Ah, my dear! Let this be a lesson to you never to lose your temper!" "Hold your tongue, Ma!" said the young Crab, a little snappishly. "You're enough to try the patience of an oyster!"

"I wish I had our Dinah here, I know I do!" said Alice aloud, addressing nobody in particular. "She'd soon fetch it back!"

"And who is Dinah, if I might venture to ask the question?" said the Lory.

Alice replied eagerly, for she was always ready to talk about her pet: "Dinah's our cat. And she's such a capital one for catching mice you can't think! And oh, I wish you could see her after the birds! Why, she'll eat a little bird as soon as look at it!"

This speech caused a remarkable sensation among the party. Some of the birds hurried off at once: one old Magpie began wrapping itself up

ailes très soigneusement, en faisant remarquer : « Je dois vraiment rentrer à la maison ; l'air de la nuit ne convient pas à ma gorge ! » et un Canari cria d'une voix tremblante à ses enfants : « Venez, mes chéris ! Il est grand temps d'aller au lit ! » Sous divers prétextes, chacun s'éloigna et Alice se retrouva bien vite seule.

« Si seulement je n'avais pas mentionné Dinah ! » se dit-elle d'un ton mélancolique. « Personne ne semble l'aimer ici, et je suis sûre que c'est la meilleure chatte du monde ! Oh, ma chère Dinah ! Je me demande si je te reverrai un jour ! » Et alors, la pauvre Alice recommença à pleurer, car elle se sentait très seule et triste. Au bout d'un moment, cependant, elle entendit à nouveau des bruits de pas au loin, et elle leva les yeux avec empressement, espérant que la Souris avait changé d'avis et revenait pour terminer son histoire.

very carefully, remarking, "I really must be getting home; the night-air doesn't suit my throat!" and a Canary called out in a trembling voice to its children, "Come away, my dears! It's high time you were all in bed!" On various pretexts they all moved off, and Alice was soon left alone.

"I wish I hadn't mentioned Dinah!" she said to herself in a melancholy tone. "Nobody seems to like her, down here, and I'm sure she's the best cat in the world! Oh, my dear Dinah! I wonder if I shall ever see you any more!" And here poor Alice began to cry again, for she felt very lonely and low-spirited. In a little while, however, she again heard a little pattering of footsteps in the distance, and she looked up eagerly, half hoping that the Mouse had changed his mind, and was coming back to finish his story.

Chapitre 4 : La petite facture du Lapin

Chapter 4: The Rabbit Sends in a Little Bill

C'était le Lapin Blanc, qui revenait en trottant, et regardait anxieusement autour de lui pendant qu'il marchait, comme s'il avait perdu quelque chose ; et elle l'entendit murmurer « La Duchesse ! La Duchesse ! Oh mes pauvres pattes ! Oh ma fourrure et mes moustaches ! Elle me fera exécuter, aussi sûr que les furets sont des furets ! Où puis-je les avoir déposés, je me demande ? » Alice devina instantanément qu'il cherchait l'éventail et la paire de gants de chevreau blancs, et elle commença très gentiment à les chercher, mais ils n'étaient nulle part en vue - tout semblait avoir changé

It was the White Rabbit, trotting slowly back again, and looking anxiously about as it went, as if it had lost something; and she heard it muttering to itself "The Duchess! The Duchess! Oh my dear paws! Oh my fur and whiskers! She'll get me executed, as sure as ferrets are ferrets! Where can I have dropped them, I wonder?" Alice guessed in a moment that it was looking for the fan and the pair of white kid gloves, and she very good-naturedly began hunting about for them, but they were nowhere to be seen—everything seemed to have changed since her swim in the pool, and the great hall, with the glass table

depuis sa baignade dans la mare, et la grande salle, avec la table en verre et la petite porte, avait complètement disparu.

Très vite, le Lapin remarqua Alice, alors qu'elle partait à la chasse aux objets, et lui cria d'un ton colérique : « Eh bien, Mary Ann, que fais-tu ici ? Retourne à la maison tout de suite, et va me chercher une paire de gants et un éventail ! Vite, maintenant ! » Et Alice était tellement effrayée qu'elle s'enfuit aussitôt dans la direction qu'on lui indiquait, sans essayer d'expliquer l'erreur qu'il avait commise.

« Il m'a prise pour sa femme de chambre, » se dit-elle en courant. « Comme il sera surpris quand il découvrira qui je suis ! Mais je ferais mieux de lui apporter son éventail et ses gants, si je peux les trouver. » En disant cela, elle tomba sur une jolie petite maison, sur la porte de laquelle se trouvait une plaque de laiton brillant portant le nom « W. LAPIN, » gravé dessus. Elle entra sans frapper et se précipita à l'étage, de peur de rencontrer la véritable Mary Ann et d'être expulsée de la maison avant d'avoir trouvé l'éventail et les gants.

« Que cela me semble étrange, » se dit Alice, « de recevoir des ordres de la part d'un lapin ! Je suppose que Dinah me donnera des ordres aussi maintenant ! » Et elle commença

and the little door, had vanished completely.

Very soon the Rabbit noticed Alice, as she went hunting about, and called out to her in an angry tone, "Why, Mary Ann, what are you doing out here? Run home this moment, and fetch me a pair of gloves and a fan! Quick, now!" And Alice was so much frightened that she ran off at once in the direction it pointed to, without trying to explain the mistake it had made.

"He took me for his housemaid," she said to herself as she ran. "How surprised he'll be when he finds out who I am! But I'd better take him his fan and gloves—that is, if I can find them." As she said this, she came upon a neat little house, on the door of which was a bright brass plate with the name "W. RABBIT," engraved upon it. She went in without knocking, and hurried upstairs, in great fear lest she should meet the real Mary Ann, and be turned out of the house before she had found the fan and gloves.

"How queer it seems," Alice said to herself, "to be going messages for a rabbit! I suppose Dinah'll be sending me on messages next!" And she began fancying the sort of thing that

37

à imaginer le genre de choses qui se passeraient : « "Mademoiselle Alice ! Venez ici immédiatement et préparez-vous pour votre promenade !" "J'arrive dans une minute, nounou ! Mais je dois vérifier que la souris ne sorte pas." » « Seulement je ne pense pas, » continua Alice, « qu'ils laisseraient Dinah vivre à la maison si elle commençait à donner ainsi des ordres ! »

À ce moment-là, elle s'était frayée un chemin jusqu'à une petite pièce bien rangée avec une table sous la fenêtre, et sur celle-ci (comme elle l'avait espéré) un éventail et deux ou trois paires de minuscules gants blancs pour enfants : elle prit l'éventail et une paire de gants, et s'apprêtait à quitter la pièce, quand son œil se posa sur une petite bouteille qui se trouvait près du miroir. Cette fois, il n'y avait pas d'étiquette portant l'écriture « BUVEZ-MOI, » néanmoins elle la déboucha et la porta à ses lèvres. « Je suis sûre que quelque chose d'intéressant va se produire, » se dit-elle, « comme à chaque fois que je mange ou bois quelque chose ; je vais donc voir ce que fait cette bouteille. J'espère que cela me fera grandir à nouveau, car je suis vraiment fatiguée d'être si petite ! »

En effet, c'est ce qui se produisit, et bien plus tôt qu'elle ne l'avait prévu : avant d'avoir bu la moitié de la bouteille, elle trouva sa tête appuyée

would happen: "'Miss Alice! Come here directly, and get ready for your walk!' 'Coming in a minute, nurse! But I've got to see that the mouse doesn't get out.' Only I don't think," Alice went on, "that they'd let Dinah stop in the house if it began ordering people about like that!"

By this time she had found her way into a tidy little room with a table in the window, and on it (as she had hoped) a fan and two or three pairs of tiny white kid gloves: she took up the fan and a pair of the gloves, and was just going to leave the room, when her eye fell upon a little bottle that stood near the looking-glass. There was no label this time with the words "DRINK ME," but nevertheless she uncorked it and put it to her lips. "I know something interesting is sure to happen," she said to herself, "whenever I eat or drink anything; so I'll just see what this bottle does. I do hope it'll make me grow large again, for really I'm quite tired of being such a tiny little thing!"

It did so indeed, and much sooner than she had expected: before she had drunk half the bottle, she found her head pressing against the ceiling,

contre le plafond et dut se baisser pour éviter que son cou ne se brise. Elle posa à la hâte la bouteille en se disant : « C'est bien assez, j'espère que je ne grandirai plus. En l'état, je ne peux plus sortir par la porte, je n'aurais jamais dû en boire autant ! »

Hélas ! il était trop tard pour souhaiter cela ! Elle continua à grandir et à grandir, et dû bientôt s'agenouiller sur le sol : dans la minute qui suivit, il n'y avait même plus de place pour cela, et elle essaya de s'allonger avec un coude contre la porte, et l'autre bras recourbé autour de la tête. Elle continuait néanmoins à grandir et, comme dernière ressource, elle passa un bras par la fenêtre et un pied dans la cheminée, et se dit : « Maintenant, je ne peux plus rien faire, quoi qu'il arrive. Que vais-je devenir ? »

Heureusement pour Alice, l'effet de la petite bouteille magique était terminé, et elle ne grandissait plus : c'était cependant toujours très inconfortable, et, comme il ne semblait y avoir aucune chance qu'elle sorte un jour de la pièce, il n'était pas étonnant qu'elle se sente malheureuse.

« C'était beaucoup plus agréable à la maison, » pensa la pauvre Alice, « quand on ne passait pas son temps à grandir ou rétrécir, et qu'on ne recevait pas d'ordres de la part des souris ou des lapins. J'aurais presque préféré ne pas être descendue dans

and had to stoop to save her neck from being broken. She hastily put down the bottle, saying to herself "That's quite enough—I hope I shan't grow any more—As it is, I can't get out at the door—I do wish I hadn't drunk quite so much!"

Alas! it was too late to wish that! She went on growing, and growing, and very soon had to kneel down on the floor: in another minute there was not even room for this, and she tried the effect of lying down with one elbow against the door, and the other arm curled round her head. Still she went on growing, and, as a last resource, she put one arm out of the window, and one foot up the chimney, and said to herself "Now I can do no more, whatever happens. What will become of me?"

Luckily for Alice, the little magic bottle had now had its full effect, and she grew no larger: still it was very uncomfortable, and, as there seemed to be no sort of chance of her ever getting out of the room again, no wonder she felt unhappy.

"It was much pleasanter at home," thought poor Alice, "when one wasn't always growing larger and smaller, and being ordered about by mice and rabbits. I almost wish I hadn't gone down that rabbit-hole—and yet—and yet—it's rather

ce terrier - et pourtant - c'est plutôt curieux, savez-vous, cette vie ! Je me demande ce qui a pu m'arriver ! Quand je lisais des contes de fées, je pensais que ce genre de choses ne se produisaient jamais, et maintenant je suis moi-même au beau milieu d'un conte ! On devrait écrire un livre sur moi, ah, ça oui ! Et quand je serai grande, j'en écrirai un - mais je suis déjà devenue grande, » ajouta-t-elle d'un ton triste ; « au moins, il n'y a plus de place pour grandir ici. »

« Mais alors, » pensa Alice, « est-ce que je ne vieillirai plus jamais ? Ce serait un soulagement, d'une certaine façon, de ne jamais avoir à devenir une vieille dame, mais alors, j'aurais toujours des leçons à apprendre ! Oh, je n'aimerais pas ça ! »

« Oh, stupide Alice ! » se répondit-elle. « Comment pourriez-vous prendre des leçons ici ? Eh bien, il n'y a guère de place pour vous, et pas de place du tout pour des livres de cours ! »

Et ainsi elle continua, faisant les questions et les réponses, et ainsi un genre de conversation ; mais au bout de quelques minutes, elle entendit une voix dehors et s'arrêta pour l'écouter.

« Mary Ann ! Mary Ann ! » dit la voix. « Va me chercher mes gants tout de suite ! » Puis vint un petit claquement de pieds dans l'escalier. Alice savait

curious, you know, this sort of life! I do wonder what can have happened to me! When I used to read fairy-tales, I fancied that kind of thing never happened, and now here I am in the middle of one! There ought to be a book written about me, that there ought! And when I grow up, I'll write one—but I'm grown up now," she added in a sorrowful tone; "at least there's no room to grow up any more here."

"But then," thought Alice, "shall I never get any older than I am now? That'll be a comfort, one way—never to be an old woman—but then—always to have lessons to learn! Oh, I shouldn't like that!"

"Oh, you foolish Alice!" she answered herself. "How can you learn lessons in here? Why, there's hardly room for you, and no room at all for any lesson-books!"

And so she went on, taking first one side and then the other, and making quite a conversation of it altogether; but after a few minutes she heard a voice outside, and stopped to listen.

"Mary Ann! Mary Ann!" said the voice. "Fetch me my gloves this moment!" Then came a little pattering of feet on the stairs. Alice

que c'était le Lapin qui venait la chercher, et elle trembla jusqu'à en faire secouer la maison, oubliant tout à fait qu'elle était maintenant environ mille fois plus grande que le Lapin, et n'avait aucune raison d'en avoir peur.

Bientôt, le Lapin s'approcha de la porte et essaya de l'ouvrir ; mais, comme la porte s'ouvrait vers l'intérieur et que le coude d'Alice était pressé contre elle, cette tentative fut un échec. Alice l'entendit se dire : « alors je vais faire le tour et entrer par la fenêtre. »

« Cela ne marchera pas ! » pensa Alice, et, après avoir attendu jusqu'à ce qu'elle crut entendre le Lapin juste sous la fenêtre, elle étendit soudain la main et tenta de l'attraper au vol. Elle n'attrapa rien, mais elle entendit un petit cri et une chute, et un fracas de verre brisé, qui lui firent conclure qu'il était fort probablement tombé dans un carré de concombres sous serre ou quelque chose du genre.

Vint ensuite une voix en colère - celle du Lapin - « Pat ! Pat ! Où es-tu ? » Et puis une voix qu'elle n'avait jamais entendue auparavant répondit : « Je suis là ! Je cherche des pommes, votre honneur ! »

« Chercher des pommes, vraiment ! » dit le Lapin avec colère. « Ici ! Viens et aide-moi à m'en sortir ! » (On entendit de nouveau du verre brisé.)

knew it was the Rabbit coming to look for her, and she trembled till she shook the house, quite forgetting that she was now about a thousand times as large as the Rabbit, and had no reason to be afraid of it.

Presently the Rabbit came up to the door, and tried to open it; but, as the door opened inwards, and Alice's elbow was pressed hard against it, that attempt proved a failure. Alice heard it say to itself "Then I'll go round and get in at the window."

"That you won't!" thought Alice, and, after waiting till she fancied she heard the Rabbit just under the window, she suddenly spread out her hand, and made a snatch in the air. She did not get hold of anything, but she heard a little shriek and a fall, and a crash of broken glass, from which she concluded that it was just possible it had fallen into a cucumber-frame, or something of the sort.

Next came an angry voice—the Rabbit's—"Pat! Pat! Where are you?" And then a voice she had never heard before, "Sure then I'm here! Digging for apples, yer honour!"

"Digging for apples, indeed!" said the Rabbit angrily. "Here! Come and help me out of this!" (Sounds of more broken glass.)

« Maintenant, dis-moi, Pat, qu'est ce qu'il y a dans la fenêtre ? »

"Now tell me, Pat, what's that in the window?"

« Il s'agit d'un bras, votre honneur ! » (Il prononça "brrras.")

"Sure, it's an arm, yer honour!" (He pronounced it "arrum.")

« Un bras, imbécile ! Qui en a déjà vu un de cette taille ? Regarde, il remplit toute la fenêtre ! »

"An arm, you goose! Who ever saw one that size? Why, it fills the whole window!"

« Bien sûr, c'est vrai, votre honneur : mais cela reste un bras, malgré tout. »

"Sure, it does, yer honour: but it's an arm for all that."

« Eh bien, il n' a rien à faire ici dans tous les cas : va et retire-le ! »

"Well, it's got no business there, at any rate: go and take it away!"

S'en suivit un long silence et Alice ne put entendre que des chuchotements épars, comme par exemple : « Je n'aime pas ça, votre honneur, du

There was a long silence after this, and Alice could only hear whispers now and then; such as, "Sure, I don't like it, yer honour, at all, at all!" "Do

tout, du tout ! » « Fais ce que je te dis, espèce de lâche ! » Et enfin elle étendit de nouveau sa main, et fit mine d'attraper quelque chose en l'air. Cette fois, il y eut deux petits cris et d'autres bruits de verre brisé. « Quelle quantité de carré de concombres il doit y avoir ! » pensa Alice. « Je me demande ce qu'ils feront ensuite ! Quant à me tirer par la fenêtre, je souhaiterais qu'ils en soient capables ! C'est décidé, je ne veux pas rester ici plus longtemps ! »

Elle attendit quelques temps sans rien entendre de plus. Enfin vint un grondement de petites roues de charrette, et le son de plusieurs voix qui parlaient toutes ensemble. Elle entendit les mots : « Où est l'autre échelle ? Pourquoi n'en ai-je pas apporté une autre ; Bill a l'autre. Bill ! Va la chercher, mon garçon ! - Tiens, mets-la dans ce coin - Non, attache-les d'abord ensemble - elles n'atteignent même pas la moitié de la hauteur nécessaire - Oh ! cela suffira ; ne soyez pas difficile - Ici, Bill ! Attrape cette corde - Le toit va-t-il supporter le poids ? - Fais attention à cette ardoise-là - Oh, elle tombe ! Attention à la tête ! » (un grand fracas) - « Qui a fait ça ? », « C'était Bill, j'imagine - Qui va descendre dans la cheminée ? - Non, je ne le ferai pas ! Fais-le toi ! —Moi, je ne le ferai pas, alors ! —Bill doit descendre — Ici, Bill ! Le maître dit que tu dois descendre par la cheminée ! »

as I tell you, you coward!" and at last she spread out her hand again, and made another snatch in the air. This time there were two little shrieks, and more sounds of broken glass. "What a number of cucumber-frames there must be!" thought Alice. "I wonder what they'll do next! As for pulling me out of the window, I only wish they could! I'm sure I don't want to stay in here any longer!"

She waited for some time without hearing anything more: at last came a rumbling of little cartwheels, and the sound of a good many voices all talking together: she made out the words: "Where's the other ladder?— Why, I hadn't to bring but one; Bill's got the other—Bill! fetch it here, lad!—Here, put 'em up at this corner—No, tie 'em together first— they don't reach half high enough yet—Oh! they'll do well enough; don't be particular—Here, Bill! catch hold of this rope—Will the roof bear?—Mind that loose slate—Oh, it's coming down! Heads below!" (a loud crash)—"Now, who did that?— It was Bill, I fancy—Who's to go down the chimney?—Nay, I shan't! You do it!—That I won't, then!—Bill's to go down—Here, Bill! the master says you're to go down the chimney!"

« Oh ! Alors Bill doit descendre par la cheminée, n'est-ce pas ? » se dit Alice. « Ils semblent tout mettre sur le dos de Bill ! Je n'aimerais pas être à la place de Bill pour une bonne raison : cette cheminée est étroite, c'est bien sûr ; cependant je pense que je peux donner un petit coup de pied ! »

Elle tira son pied aussi loin que possible hors de la cheminée, et attendit jusqu'à ce qu'elle entende le petit animal (elle ne pouvait pas deviner de quelle espèce il s'agissait) qui grattait et se bousculait dans la cheminée près d'elle : puis, elle se dit « C'est Bill » elle donna un coup de pied sec et attendit de voir ce qui allait se passer ensuite.

La première chose qu'elle entendit fut un chœur de « Voilà Bill ! » puis la voix du Lapin qui disait - « Attrape-le, toi, vers la haie ! » puis plus un bruit, et enfin un autre mélange de voix - « Levez sa tête - Maintenant, Brandy - Ne l'étouffez pas - Comment était-ce, mon vieux ? Que vous est-il arrivé ? Dites-nous tout ! »

Enfin vint une petite voix faible et grinçante, (« C'est Bill, » pensa Alice,) « Eh bien, je n'en sais rien - Merci, ça suffit ; Je vais déjà mieux - mais je me sens trop nerveux pour vous raconter - tout ce que je sais, c'est que quelque chose m'a propulsé tel un ressort et que je me suis envolé comme une fusée ! »

"Oh! So Bill's got to come down the chimney, has he?" said Alice to herself. "Shy, they seem to put everything upon Bill! I wouldn't be in Bill's place for a good deal: this fireplace is narrow, to be sure; but I think I can kick a little!"

She drew her foot as far down the chimney as she could, and waited till she heard a little animal (she couldn't guess of what sort it was) scratching and scrambling about in the chimney close above her: then, saying to herself "This is Bill," she gave one sharp kick, and waited to see what would happen next.

The first thing she heard was a general chorus of "There goes Bill!" then the Rabbit's voice along—"Catch him, you by the hedge!" then silence, and then another confusion of voices— "Hold up his head—Brandy now— Don't choke him—How was it, old fellow? What happened to you? Tell us all about it!"

Last came a little feeble, squeaking voice, ("That's Bill," thought Alice,) "Well, I hardly know—No more, thank ye; I'm better now—but I'm a deal too flustered to tell you—all I know is, something comes at me like a Jack-in-the-box, and up I goes like a sky-rocket!"

« En effet, mon vieux ! » dirent les autres.

« Nous devons brûler la maison ! » dit le Lapin, et Alice cria aussi fort qu'elle le pouvait : « Si tu fais ça, j'envoie Dinah à ta poursuite ! »

Instantanément, il y eut un silence de mort, et Alice se dit : « Je me demande ce qu'ils vont faire ensuite ! S'ils avaient du bon sens, ils enlèveraient le toit. » Au bout d'une minute ou deux, ils recommencèrent à bouger et Alice entendit le Lapin dire : « Une brouette fera l'affaire, pour commencer. »

« Une brouette de quoi ? » pensa

"So you did, old fellow!" said the others.

"We must burn the house down!" said the Rabbit's voice; and Alice called out as loud as she could, "If you do, I'll set Dinah at you!"

There was a dead silence instantly, and Alice thought to herself, "I wonder what they will do next! If they had any sense, they'd take the roof off." After a minute or two, they began moving about again, and Alice heard the Rabbit say, "A barrowful will do, to begin with."

"A barrowful of what?" thought

Alice ; mais elle n'eut pas le temps de s'interroger que l'instant d'après, une pluie de petits cailloux vint s'abattre sur la fenêtre, et certains d'entre eux la frappèrent au visage. « Je vais mettre un terme à cela, » se dit-elle en criant : « Tu ferais mieux de ne plus recommencer ! » ce qui produisit un autre silence de mort.

Alice remarqua avec une certaine surprise que les cailloux se transformaient tous en petits gâteaux alors qu'ils reposaient sur le sol, et une idée brillante lui vint à l'esprit. « Si je mange l'un de ces gâteaux, » pensa-t-elle, « cela modifiera sûrement ma taille ; et comme cela ne peut probablement pas me faire grandir, cela devrait me faire rapetisser, je suppose. »

Elle avala donc l'un des gâteaux et fut ravie de constater qu'elle avait commencé à rétrécir instantanément. Dès qu'elle fut assez petite pour passer par la porte, elle sortit en courant de la maison et trouva une foule de petits animaux et d'oiseaux qui attendaient dehors. Le pauvre petit Lézard, Bill, était au milieu, retenu par deux cochons d'Inde qui lui donnaient quelque chose dans une bouteille. Ils se précipitèrent tous vers Alice au moment où elle apparut, mais elle s'enfuit aussi vite qu'elle le put, et se retrouva bientôt en sécurité dans une forêt dense.

« La première chose que je dois

Alice; but she had not long to doubt, for the next moment a shower of little pebbles came rattling in at the window, and some of them hit her in the face. "I'll put a stop to this," she said to herself, and shouted out, "You'd better not do that again!" which produced another dead silence.

Alice noticed with some surprise that the pebbles were all turning into little cakes as they lay on the floor, and a bright idea came into her head. "If I eat one of these cakes," she thought, "it's sure to make some change in my size; and as it can't possibly make me larger, it must make me smaller, I suppose."

So she swallowed one of the cakes, and was delighted to find that she began shrinking directly. As soon as she was small enough to get through the door, she ran out of the house, and found quite a crowd of little animals and birds waiting outside. The poor little Lizard, Bill, was in the middle, being held up by two guinea-pigs, who were giving it something out of a bottle. They all made a rush at Alice the moment she appeared; but she ran off as hard as she could, and soon found herself safe in a thick wood.

"The first thing I've got to do," said

faire, » se dit Alice en se promenant dans le bois, « c'est de retrouver ma taille normale, et la deuxième chose est de trouver mon chemin jusqu'à ce joli jardin. Je pense que ce serait le meilleur plan. »

Cela semblait être un excellent plan, sans aucun doute, très clair et bien ciblé ; la seule difficulté était qu'elle n'avait pas la moindre idée de la manière de s'y prendre, et pendant qu'elle regardait anxieusement parmi les arbres, un petit aboiement aigu juste au-dessus de sa tête lui fit lever les yeux en toute hâte.

Un énorme chiot la regardait avec de grands yeux ronds, et tendait faiblement une patte, essayant de la toucher. « Pauvre petite chose ! » dit Alice d'un ton attendri, et elle s'efforça de siffler ; mais elle était malgré tout terriblement effrayée à l'idée qu'il pourrait avoir faim, auquel cas il risquerait fort de la dévorer malgré toutes ses cajoleries.

Sachant à peine ce qu'elle faisait, elle saisit un petit bâton et le tendit au chiot, qui sauta en l'air de ses quatre pattes en poussant un cri de joie, et se précipita sur elle comme pour jouer ; Alice s'esquiva alors afin de ne pas être écrasée ; et, au moment où elle apparut de l'autre côté, le chiot se précipita sur le bâton, puis, dans sa hâte de le saisir, tomba la tête la première. Alice, pensant que

Alice to herself, as she wandered about in the wood, "is to grow to my right size again; and the second thing is to find my way into that lovely garden. I think that will be the best plan."

It sounded an excellent plan, no doubt, and very neatly and simply arranged; the only difficulty was, that she had not the smallest idea how to set about it; and while she was peering about anxiously among the trees, a little sharp bark just over her head made her look up in a great hurry.

An enormous puppy was looking down at her with large round eyes, and feebly stretching out one paw, trying to touch her. "Poor little thing!" said Alice, in a coaxing tone, and she tried hard to whistle to it; but she was terribly frightened all the time at the thought that it might be hungry, in which case it would be very likely to eat her up in spite of all her coaxing.

Hardly knowing what she did, she picked up a little bit of stick, and held it out to the puppy; whereupon the puppy jumped into the air off all its feet at once, with a yelp of delight, and rushed at the stick, and made believe to worry it; then Alice dodged behind a great thistle, to keep herself from being run over; and the moment she appeared on the other side, the puppy made another rush

c'était comme faire une partie de jeu avec un cheval tirant une charrette, et s'attendant à chaque instant à être piétinée sous ses pieds, elle fit un deuxième tour. Puis le chiot commença à attaquer le bâton, par plusieurs fois, chaque fois avançant un petit peu, puis reculant un peu plus et aboyant constamment d'une voix rauque, jusqu'à ce qu'il se soit enfin assis bien loin, haletant, la langue sortant de sa bouche et ses grands yeux à moitié fermés.

Pour Alice, cela semblait être une bonne opportunité de s'échapper. Alors elle s'enfuit aussitôt, et courut jusqu'à ce qu'elle soit assez fatiguée et essoufflée, et jusqu'à ce que les

at the stick, and tumbled head over heels in its hurry to get hold of it; then Alice, thinking it was very like having a game of play with a cart-horse, and expecting every moment to be trampled under its feet, ran round the thistle again; then the puppy began a series of short charges at the stick, running a very little way forwards each time and a long way back, and barking hoarsely all the while, till at last it sat down a good way off, panting, with its tongue hanging out of its mouth, and its great eyes half shut.

This seemed to Alice a good opportunity for making her escape; so she set off at once, and ran till she was quite tired and out of breath, and till the puppy's bark sounded quite

aboiements du chiot sonnent assez faibles et lointains.

« Et pourtant, quel adorable petit chiot c'était ! » dit Alice en s'appuyant contre un bouton d'or pour se reposer en s'éventant avec l'une des feuilles : « J'aurais beaucoup aimé lui enseigner des tours, si - si seulement j'avais eu la bonne taille pour le faire ! Oh mon dieu ! J'avais presque oublié que je devais grandir à nouveau ! Voyons - comment gérer cela ? Je suppose que je devrais manger ou boire quelque chose ; mais la grande question est, quoi ? »

La grande question était certainement, quoi ? Alice regarda autour d'elle les fleurs et les brins d'herbe, mais elle ne vit rien qui ressemblait à la bonne chose à manger ou à boire dans ces circonstances. Il y avait un gros champignon qui poussait près d'elle, à peu près de la même hauteur qu'elle ; et quand elle regarda en dessous, derrière, et de chaque côté de celui-ci, il lui vint à l'esprit qu'elle pourrait aussi bien regarder ce qui se trouvait sur le dessus.

Elle s'étira sur la pointe des pieds et regarda par-dessus le bord du champignon, et ses yeux croisèrent immédiatement ceux d'une grosse chenille bleue, qui était assise sur le dessus, les bras croisés, fumant tranquillement un long narguilé, et ne lui portant pas la moindre attention ni quoi que ce soit d'autre.

faint in the distance.

"And yet what a dear little puppy it was!" said Alice, as she leant against a buttercup to rest herself, and fanned herself with one of the leaves: "I should have liked teaching it tricks very much, if—if I'd only been the right size to do it! Oh dear! I'd nearly forgotten that I've got to grow up again! Let me see—how is it to be managed? I suppose I ought to eat or drink something or other; but the great question is, what?"

The great question certainly was, what? Alice looked all round her at the flowers and the blades of grass, but she did not see anything that looked like the right thing to eat or drink under the circumstances. There was a large mushroom growing near her, about the same height as herself; and when she had looked under it, and on both sides of it, and behind it, it occurred to her that she might as well look and see what was on the top of it.

She stretched herself up on tiptoe, and peeped over the edge of the mushroom, and her eyes immediately met those of a large blue caterpillar, that was sitting on the top with its arms folded, quietly smoking a long hookah, and taking not the smallest notice of her or of anything else.

Chapitre 5 : Conseil d'une Chenille

La Chenille et Alice se regardèrent un moment en silence : enfin, la Chenille sortit le narguilé de sa bouche et s'adressa à elle d'une voix languissante et endormie.

« Qui es-tu ? » dit la Chenille.

Ce n'était pas un début encourageant pour une conversation. Alice répondit, plutôt timidement, « Je - je le sais à peine, monsieur, en tous cas pour le moment - du moins je sais qui j'étais quand je me suis levée ce matin, mais je pense que j'ai dû être échangée plusieurs fois depuis. »

Chapter 5: Advice from a Caterpillar

The Caterpillar and Alice looked at each other for some time in silence: at last the Caterpillar took the hookah out of its mouth, and addressed her in a languid, sleepy voice.

"Who are you?" said the Caterpillar.

This was not an encouraging opening for a conversation. Alice replied, rather shyly, "I—I hardly know, sir, just at present—at least I know who I was when I got up this morning, but I think I must have been changed several times since then."

« Que veux-tu dire par là ? » dit sévèrement la chenille. « Explique-toi ! »

« Je ne peux pas m'expliquer, j'en ai bien peur, monsieur, » dit Alice, « parce que je ne suis pas moi-même, vous voyez. »

« Je ne vois pas, » déclara la Chenille.

« J'ai bien peur de ne pas pouvoir le dire plus clairement, » répondit très poliment Alice, « tout d'abord car je ne le comprends pas moi-même ; et passer par autant de tailles différentes en une journée est très déroutant. »

« Ce n'est pas le cas, » déclara la Chenille.

« Eh bien, peut-être que vous ne vous en êtes pas encore rendu compte » dit Alice ; « mais quand vous devrez vous transformer en chrysalide -ça vous arrivera un jour, vous savez - puis en papillon, je pense que vous vous sentirez vous même un peu étrange, n'est-ce pas ? »

« Pas du tout, » déclara la Chenille.

« Eh bien peut-être ressentez-vous ça de façon différente, » dit Alice ; « tout ce que je sais, c'est que cela me paraîtrait très étrange, à moi. »

« À toi ? » dit la Chenille avec mépris. « Qui es-tu, toi? »

"What do you mean by that?" said the Caterpillar sternly. "Explain yourself!"

"I can't explain myself, I'm afraid, sir," said Alice, "because I'm not myself, you see."

"I don't see," said the Caterpillar.

"I'm afraid I can't put it more clearly," Alice replied very politely, "for I can't understand it myself to begin with; and being so many different sizes in a day is very confusing."

"It isn't," said the Caterpillar.

"Well, perhaps you haven't found it so yet," said Alice; "but when you have to turn into a chrysalis—you will some day, you know—and then after that into a butterfly, I should think you'll feel it a little queer, won't you?"

"Not a bit," said the Caterpillar.

"Well, perhaps your feelings may be different," said Alice; "all I know is, it would feel very queer to me."

"You!" said the Caterpillar contemptuously. "Who are you?"

Ce qui les ramena au début de la conversation. Alice se sentit un peu irritée par le fait que la Chenille fasse de si courtes remarques, et elle se redressa et dit, très gravement : « Je pense que vous devriez me dire qui vous êtes, pour commencer. »

« Pourquoi ? » dit la Chenille.

Voici une autre question déroutante, et comme Alice ne pouvait penser à aucune bonne raison, et comme la Chenille semblait être dans un état d'esprit très désagréable, elle tourna les talons.

« Reviens ! » appela la Chenille. « J'ai quelque chose d'important à te dire ! »

Cela semblait prometteur, certainement : Alice fit demi-tour et revint.

« Garde ton sang-froid, » dit la Chenille.

« Est-ce tout ? » dit Alice, ravalant sa colère aussi bien qu'elle le pouvait.

« Non , » dit la Chenille.

Alice pensa qu'elle pourrait tout aussi bien attendre, car elle n'avait rien d'autre à faire, et peut-être qu'après tout il pourrait lui dire quelque chose qui valait la peine d'être entendu. Pendant quelques minutes, il souffla sans parler, mais, finalement, il

Which brought them back again to the beginning of the conversation. Alice felt a little irritated at the Caterpillar's making such very short remarks, and she drew herself up and said, very gravely, "I think, you ought to tell me who you are, first."

"Why?" said the Caterpillar.

Here was another puzzling question; and as Alice could not think of any good reason, and as the Caterpillar seemed to be in a very unpleasant state of mind, she turned away.

"Come back!" the Caterpillar called after her. "I've something important to say!"

This sounded promising, certainly: Alice turned and came back again.

"Keep your temper," said the Caterpillar.

"Is that all?" said Alice, swallowing down her anger as well as she could.

"No," said the Caterpillar.

Alice thought she might as well wait, as she had nothing else to do, and perhaps after all it might tell her something worth hearing. For some minutes it puffed away without speaking, but at last it unfolded its arms, took the hookah out of its

décroisa ses bras, sortit de nouveau le narguilé de sa bouche et dit : « Alors, tu penses que tu as été changée, n'est-ce pas ? »

« J'en ai bien peur, monsieur, » dit Alice ; « Je ne me souviens plus des choses comme avant - et je ne suis jamais de la même taille pendant plus de 10 minutes ! »

« Tu ne te souviens pas de quelles choses ? » dit la Chenille.

« Eh bien, j'ai essayé de réciter "Comment va la petit abeille laborieuse ?" mais tout est venu différemment ! » répondit Alice d'une voix très mélancolique.

mouth again, and said, "So you think you're changed, do you?"

"I'm afraid I am, sir," said Alice; "I can't remember things as I used—and I don't keep the same size for ten minutes together!"

"Can't remember what things?" said the Caterpillar.

"Well, I've tried to say "How doth the little busy bee," but it all came different!" Alice replied in a very melancholy voice.

« Répétez : "Vous êtes vieux, Père Guillaume," dit la Chenille.

"Repeat, "You are old, Father William,'" said the Caterpillar.

Alice croisa les mains et commença :
-

Alice folded her hands, and began:—

« Vous êtes vieux, Père Guillaume.
Vous avez des cheveux tout gris...
La tête en bas ! Père Guillaume ;
À votre âge, c'est peu permis !

"You are old, Father William," the young man said,
"And your hair has become very white;
And yet you incessantly stand on your head—
Do you think, at your age, it is right?"

— Étant jeune, pour ma cervelle
Je craignais fort, mon cher enfant ;
Je n'en ai plus une parcelle,
J'en suis bien certain maintenant.

"In my youth," Father William replied to his son,
"I feared it might injure the brain;
But, now that I'm perfectly sure I have none,
Why, I do it again and again."

Vous êtes vieux, je vous l'ai dit,
Mais comment donc par cette porte,
Vous, dont la taille est comme un muid !
Cabriolez-vous de la sorte ?

Étant jeune, mon cher enfant,
J'avais chaque jointure bonne ;
Je me frottais de cet onguent ;
Si vous payez je vous en donne.

Vous êtes vieux, et vous mangez
Les os comme de la bouillie ;
Et jamais rien ne me laissez.
Comment faites-vous, je vous prie ?

"You are old," said the youth, "as I mentioned before,
And have grown most uncommonly fat;
Yet you turned a back-somersault in at the door—
Pray, what is the reason of that?"

"In my youth," said the sage, as he shook his grey locks,
"I kept all my limbs very supple
By the use of this ointment—one shilling the box—
Allow me to sell you a couple?"

"You are old," said the youth, "and your jaws are too weak
For anything tougher than suet;
Yet you finished the goose, with the bones and the beak—

Pray, how did you manage to do it?"

Étant jeune, je disputais
Tous les jours avec votre mère ;
C'est ainsi que je me suis fait
Un si puissant os maxillaire.

"In my youth," said his father, "I took
to the law,
And argued each case with my wife;
And the muscular strength, which it
gave to my jaw,
Has lasted the rest of my life."

Vous êtes vieux, par quelle adresse
Tenez-vous debout sur le nez
Une anguille qui se redresse
Droit comme un I quand vous
sifflez ?

"You are old," said the youth, "one
would hardly suppose
That your eye was as steady as ever;
Yet you balanced an eel on the end of
your nose—
What made you so awfully clever?"

Cette question est trop sotte !
Cessez de babiller ainsi,
Ou je vais, du bout de ma botte,

"I have answered three questions,
and that is enough,"
Said his father; "don't give yourself

Vous envoyer bien loin d'ici. »

« Ce n'est pas bien dit, » déclara la Chenille.

« Pas tout à fait, j'en ai peur » dit Alice timidement ; « Certains mots ont été modifiés. »

« C'est faux du début jusqu'à la fin, » dit résolument la Chenille, et il y eut un silence pendant quelques minutes.

La Chenille fut la première à parler.

« De quelle taille veux-tu être ? » demanda-t-il.

« Oh, je ne suis pas difficile quant à la taille » répondit Alice à la hâte. « Vous comprendrez que l'on peut ne pas apprécier d'en changer aussi souvent. »

« Je ne sais pas, » déclara la Chenille.

Alice ne dit rien : elle n'avait jamais été autant contredite de sa vie auparavant, et elle sentait qu'elle perdait son sang-froid.

« Es-tu satisfaite, à présent ? » dit la Chenille.

« Eh bien, je voudrais être un peu plus grande, monsieur, si cela ne

airs!
Do you think I can listen all day to such stuff?
Be off, or I'll kick you down stairs!"

"That is not said right," said the Caterpillar.

"Not quite right, I'm afraid," said Alice, timidly; "some of the words have got altered."

"It is wrong from beginning to end," said the Caterpillar decidedly, and there was silence for some minutes.

The Caterpillar was the first to speak.

"What size do you want to be?" it asked.

"Oh, I'm not particular as to size," Alice hastily replied; "only one doesn't like changing so often, you know."

"I don't know," said the Caterpillar.

Alice said nothing: she had never been so much contradicted in her life before, and she felt that she was losing her temper.

"Are you content now?" said the Caterpillar.

"Well, I should like to be a little larger, sir, if you wouldn't mind," said Alice:

vous dérange pas, » dit Alice : « trois pouces, c'est une taille si misérable. »

« C'est une excellente taille, tu veux dire ! » dit la Chenille avec colère, se redressant alors qu'elle parlait (elle mesurait exactement trois pouces de haut.)

« Mais je n'y suis pas habituée ! » supplia la pauvre Alice d'un ton pitoyable. Et elle pensa pour elle-même : « Je souhaiterais que les créatures ne soient pas si facilement offensées ! »

« Vous vous y habituerez au fil du temps, » déclara la Chenille ; et elle mit le narguilé dans sa bouche, recommençant à fumer.

Cette fois-ci, Alice attendit patiemment qu'elle se décide à reparler. Au bout d'une minute ou deux, la Chenille sortit le narguilé de sa bouche, bâilla une ou deux fois et s'ébroua. Puis elle descendit du champignon, rampa dans l'herbe en faisant simplement remarquer : « Un côté te fera grandir et l'autre côté te fera rapetisser. »

« Un côté de quoi ? L'autre côté de quoi ? » pensa Alice pour elle-même.

« Du champignon, » dit la Chenille, comme si elle l'avait demandé à haute voix ; et l'instant d'après elle était hors de vue.

"three inches is such a wretched height to be."

"It is a very good height indeed!" said the Caterpillar angrily, rearing itself upright as it spoke (it was exactly three inches high.)

"But I'm not used to it!" pleaded poor Alice in a piteous tone. And she thought of herself, "I wish the creatures wouldn't be so easily offended!"

"You'll get used to it in time," said the Caterpillar; and it put the hookah into its mouth and began smoking again.

This time Alice waited patiently until it chose to speak again. In a minute or two the Caterpillar took the hookah out of its mouth and yawned once or twice, and shook itself. Then it got down off the mushroom, and crawled away in the grass, merely remarking as it went, "One side will make you grow taller, and the other side will make you grow shorter."

"One side of what? The other side of what?" thought Alice to herself.

"Of the mushroom," said the Caterpillar, just as if she had asked it aloud; and in another moment it was out of sight.

Alice demeura pensive une minute, regardant le champignon, essayant de distinguer les deux côtés de celui-ci, et comme il était parfaitement rond, elle trouva que c'était une question très difficile. Cependant, elle finit par étirer ses bras autour de lui aussi loin qu'elle le put et en rompit un peu le bord de chacune de ses mains.

« Et maintenant, lequel est lequel ? » se dit-elle, en grignotant un peu du morceau qu'elle tenait dans la main droite pour essayer : l'instant d'après, elle sentit un violent coup sous le menton : il lui avait frappé le pied !

Elle fut réellement effrayée par ce changement très soudain, mais elle sentit qu'il n'y avait pas de temps à perdre, car elle rétrécissait rapidement ; alors elle se mit aussitôt à la tâche et mangea un peu de l'autre morceau. Son menton était si pressé contre son pied, qu'il n'y avait guère de place pour ouvrir la bouche ; mais elle y parvint enfin et réussit à avaler un morceau se trouvant dans sa main gauche.

« Enfin, ma tête est libérée ! » dit Alice d'un ton ravi, qui se changea en inquiétude l'instant suivant, lorsqu'elle découvrit que ses épaules étaient introuvables : tout ce qu'elle put voir, quand elle baissa les yeux, était une immense longueur de cou, qui semblait s'élever comme une tige d'une mer de feuilles vertes qui s'étendait bien en dessous d'elle.

Alice remained looking thoughtfully at the mushroom for a minute, trying to make out which were the two sides of it; and as it was perfectly round, she found this a very difficult question. However, at last she stretched her arms round it as far as they would go, and broke off a bit of the edge with each hand.

"And now which is which?" she said to herself, and nibbled a little of the right-hand bit to try the effect: the next moment she felt a violent blow underneath her chin: it had struck her foot!

She was a good deal frightened by this very sudden change, but she felt that there was no time to be lost, as she was shrinking rapidly; so she set to work at once to eat some of the other bit. Her chin was pressed so closely against her foot, that there was hardly room to open her mouth; but she did it at last, and managed to swallow a morsel of the lefthand bit.

"Come, my head's free at last!" said Alice in a tone of delight, which changed into alarm in another moment, when she found that her shoulders were nowhere to be found: all she could see, when she looked down, was an immense length of neck, which seemed to rise like a stalk out of a sea of green leaves that lay far below her.

« Que peuvent bien être tous ces trucs verts ? » dit Alice. « Et où sont mes épaules ? Et oh, mes pauvres mains, comment se fait-il que je ne puisse pas vous voir ? » Elle les faisait bouger en parlant, mais aucun résultat ne semblait suivre, si ce n'est un petit tremblement parmi les feuilles vertes lointaines.

Comme il ne semblait y avoir aucune chance pour qu'elle puisse mettre ses mains sur sa tête, elle essaya de descendre sa tête vers elles, et fut ravie de constater que son cou se pliait facilement dans n'importe quelle direction, tel un serpent. Elle venait de réussir à le courber en un zigzag gracieux, et allait plonger parmi les feuilles, qu'elle ne trouva être que la cime des arbres sous lesquels elle s'était promenée, quand un sifflement aigu la fit reculer rapidement : un gros pigeon lui avait volé au visage et la battait violemment de ses ailes.

« Serpent ! » hurla le Pigeon.

« Je ne suis pas un serpent ! » dit Alice avec indignation. « Laissez-moi tranquille ! »

« Serpent, je le redis ! » répéta le Pigeon, mais d'un ton plus discret, et ajouta dans une sorte de sanglot : « J'ai essayé par tous les moyens, et rien ne semble leur convenir ! »

« Je n'ai pas la moindre idée de ce

"What can all that green stuff be?" said Alice. "And where have my shoulders got to? And oh, my poor hands, how is it I can't see you?" She was moving them about as she spoke, but no result seemed to follow, except a little shaking among the distant green leaves.

As there seemed to be no chance of getting her hands up to her head, she tried to get her head down to them, and was delighted to find that her neck would bend about easily in any direction, like a serpent. She had just succeeded in curving it down into a graceful zigzag, and was going to dive in among the leaves, which she found to be nothing but the tops of the trees under which she had been wandering, when a sharp hiss made her draw back in a hurry: a large pigeon had flown into her face, and was beating her violently with its wings.

"Serpent!" screamed the Pigeon.

"I'm not a serpent!" said Alice indignantly. "Let me alone!"

"Serpent, I say again!" repeated the Pigeon, but in a more subdued tone, and added with a kind of sob, "I've tried every way, and nothing seems to suit them!"

"I haven't the least idea what you're

dont vous parlez, » dit Alice.

« J'ai essayé les racines des arbres, j'ai essayé les berges et j'ai essayé les haies, » poursuivit le Pigeon, sans s'occuper d'elle ; « mais ces serpents ! Rien ne les satisfait ! »

Alice était de plus en plus perplexe, mais elle pensait qu'il ne servirait à rien d'en dire plus avant que le Pigeon n'ait fini de parler.

« Comme si ce n'était pas assez difficile comme ça de faire éclore les œufs, » dit le Pigeon. « Mais je dois être à l'affût des serpents nuit et jour ! Et puis voilà, je n'ai pas fermé l'œil depuis trois semaines ! »

« Je suis vraiment désolée que vous ayez été ennuyé, » dit Alice, qui commençait à comprendre le problème.

« Et alors que j'avais choisi l'arbre le plus haut de la forêt, » continua le Pigeon, élevant la voix jusqu'à crier, « juste au moment où je pensais que je pourrais enfin être libéré d'eux, ils se mettent à descendre du ciel ! Pouah, Serpent ! »

« Mais je ne suis pas un serpent, je vous le dis ! » dit Alice. « Je suis une... je suis une... »

« Alors ! Qu'êtes-vous ? » dit le Pigeon. « Je vois bien que vous tentez d'inventer quelque chose ! »

talking about," said Alice.

"I've tried the roots of trees, and I've tried banks, and I've tried hedges," the Pigeon went on, without attending to her; "but those serpents! There's no pleasing them!"

Alice was more and more puzzled, but she thought there was no use in saying anything more till the Pigeon had finished.

"As if it wasn't trouble enough hatching the eggs," said the Pigeon; "but I must be on the look-out for serpents night and day! Why, I haven't had a wink of sleep these three weeks!"

"I'm very sorry you've been annoyed," said Alice, who was beginning to see its meaning.

"And just as I'd taken the highest tree in the wood," continued the Pigeon, raising its voice to a shriek, "and just as I was thinking I should be free of them at last, they must needs come wriggling down from the sky! Ugh, Serpent!"

"But I'm not a serpent, I tell you!" said Alice. "I'm a—I'm a—"

"Well! What are you?" said the Pigeon. "I can see you're trying to invent something!"

« Je - je suis une petite fille » dit Alice, plutôt dubitative, alors qu'elle se rappelait le nombre de changements qu'elle avait traversés ce jour-là.

« Une histoire fort probable en effet ! » dit le Pigeon d'un ton profondément méprisant. « J'ai vu beaucoup de petites filles dans mon existence, mais jamais une avec un cou comme celui-là ! Non, non ! Vous êtes un serpent, et il ne sert à rien de le nier. Je suppose que vous me direz ensuite que vous n'avez jamais goûté aux œufs ! »

« J'ai déjà goûté les œufs, en effet » dit Alice, qui était une enfant très honnête. « Mais les petites filles mangent des œufs autant que les serpents, savez-vous. »

« Je ne vous crois pas » dit le Pigeon. « Mais si elles en mangent, elles sont donc comme les serpents, c'est tout ce que je peux dire. »

C'était une idée tellement nouvelle pour Alice, qu'elle resta silencieuse pendant une minute ou deux, ce qui donna au Pigeon l'occasion d'ajouter : « Vous cherchez des œufs, je le sais bien, alors qu'importe pour moi que vous soyez une petite fille ou un serpent ? »

« Cela compte beaucoup pour moi » se hâta de dire Alice ; « mais en l'occurence, je ne cherche pas d'œufs ; et si j'en cherchais, je ne voudrais pas

"I—I'm a little girl," said Alice, rather doubtfully, as she remembered the number of changes she had gone through that day.

"A likely story indeed!" said the Pigeon in a tone of the deepest contempt. "I've seen a good many little girls in my time, but never one with such a neck as that! No, no! You're a serpent; and there's no use denying it. I suppose you'll be telling me next that you never tasted an egg!"

"I have tasted eggs, certainly," said Alice, who was a very truthful child; "but little girls eat eggs quite as much as serpents do, you know."

"I don't believe it," said the Pigeon; "but if they do, why then they're a kind of serpent, that's all I can say."

This was such a new idea to Alice, that she was quite silent for a minute or two, which gave the Pigeon the opportunity of adding, "You're looking for eggs, I know that well enough; and what does it matter to me whether you're a little girl or a serpent?"

"It matters a good deal to me," said Alice hastily; "but I'm not looking for eggs, as it happens; and if I was, I shouldn't want yours: I don't like

des vôtres : je ne les aime pas crus. »

« Eh bien, partez ! » dit le Pigeon d'un ton boudeur en se réinstallant dans son nid. Alice s'accroupit au milieu des arbres du mieux qu'elle le put, car son cou se prenait dans les branches, et de temps en temps elle devait s'arrêter pour le détordre. Au bout d'un moment, elle se souvint qu'elle tenait toujours les morceaux de champignon dans ses mains, et elle se mit à la tâche avec précaution, grignotant d'abord l'un puis l'autre, grandissant et rapetissant tour à tour, jusqu'à ce qu'elle réussisse à retrouver sa taille normale.

Cela faisait si longtemps qu'elle n'avait pas été à peu près de taille normale que cela lui sembla un peu étrange au début, mais elle s'y habitua en quelques minutes et se mit à se parler, comme d'habitude. « Allez, la moitié de mon plan est terminée maintenant ! Comme tous ces changements sont déroutants ! Je ne suis jamais sûre de ce que je vais être, d'une minute à l'autre ! Cependant, j'ai retrouvé ma taille normale : la prochaine chose à faire est d'entrer dans ce beau jardin - comment faire, je me le demande ? » Tout en disant ces mots, elle arriva dans un lieu ouvert avec une petite maison d'environ quatre pieds de haut. « Peu importe qui y vit, » pensa Alice, « je ne pourrai jamais penser à les rencontrer avec ma taille actuelle :

them raw."

"Well, be off, then!" said the Pigeon in a sulky tone, as it settled down again into its nest. Alice crouched down among the trees as well as she could, for her neck kept getting entangled among the branches, and every now and then she had to stop and untwist it. After a while she remembered that she still held the pieces of mushroom in her hands, and she set to work very carefully, nibbling first at one and then at the other, and growing sometimes taller and sometimes shorter, until she had succeeded in bringing herself down to her usual height.

It was so long since she had been anything near the right size, that it felt quite strange at first; but she got used to it in a few minutes, and began talking to herself, as usual. "Come, there's half my plan done now! How puzzling all these changes are! I'm never sure what I'm going to be, from one minute to another! However, I've got back to my right size: the next thing is, to get into that beautiful garden—how is that to be done, I wonder?" As she said this, she came suddenly upon an open place, with a little house in it about four feet high. "Whoever lives there," thought Alice, "it'll never do to come upon them this size: why, I should frighten them out of their wits!" So she began nibbling at the righthand bit again, and did not venture to go

c'est que, je leur ferais peur ! » Elle recommença donc à grignoter le morceau qu'elle avait dans la main droite et n'osa s'approcher de la maison qu'après avoir atteint une taille de neuf pouces.

near the house till she had brought herself down to nine inches high.

Chapitre 6 : Cochon et Poivre

Chapter 6: Pig and Pepper

Pendant une ou deux minutes, elle observa la maison, se demandant que faire par la suite, quand soudain un laquais en livrée sortit du bois en courant - (elle le considéra comme un laquais parce qu'il était en livrée : autrement, à en juger seulement par son visage, elle l'aurait qualifié de poisson) - et frappa bruyamment à la porte avec ses phalanges. Elle fut ouverte par un autre laquais en livrée, au visage rond et aux yeux aussi grands que ceux d'une grenouille ; et Alice remarqua que les deux laquais avaient les cheveux poudrés tout

For a minute or two she stood looking at the house, and wondering what to do next, when suddenly a footman in livery came running out of the wood—(she considered him to be a footman because he was in livery: otherwise, judging by his face only, she would have called him a fish)—and rapped loudly at the door with his knuckles. It was opened by another footman in livery, with a round face, and large eyes like a frog; and both footmen, Alice noticed, had powdered hair that curled all over their heads. She felt very curious to

bouclés. Elle se sentit très curieuse de savoir de quoi il s'agissait et se glissa un peu hors du bois pour écouter.

Le Laquais-Poisson commença par sortir de sous son bras une grande lettre, presque aussi grande que lui, et il la passa à l'autre en disant d'un ton solennel : « Pour la Duchesse. Une invitation de la Reine à jouer au croquet. » Le Laquais-Grenouille répéta du même ton solennel, changeant seulement un peu l'ordre des mots : « De la Reine. Une invitation pour la Duchesse à jouer au croquet. »

Puis ils s'inclinèrent tous les deux, et leurs boucles s'entremêlèrent.

Alice en rit tellement qu'elle dut retourner dans le bois de peur d'être entendue ; et, quand elle jeta un coup d'œil, le Laquais-Poisson était parti et l'autre était assis par terre près de la porte, fixant le ciel d'un air stupide.

Alice s'approcha timidement de la porte et toqua.

« Toquer à la porte n'est d'aucune utilité, » dit le Laquais, « et cela pour deux raisons. Premièrement, parce que je suis du même côté de la porte que vous ; deuxièmement, parce qu'ils font un tel bruit à l'intérieur que personne ne pourrait vous entendre. » Et il y avait en effet un bruit des plus extraordinaires à

know what it was all about, and crept a little way out of the wood to listen.

The Fish-Footman began by producing from under his arm a great letter, nearly as large as himself, and this he handed over to the other, saying, in a solemn tone, "For the Duchess. An invitation from the Queen to play croquet." The Frog-Footman repeated, in the same solemn tone, only changing the order of the words a little, "From the Queen. An invitation for the Duchess to play croquet."

Then they both bowed low, and their curls got entangled together.

Alice laughed so much at this, that she had to run back into the wood for fear of their hearing her; and when she next peeped out the Fish-Footman was gone, and the other was sitting on the ground near the door, staring stupidly up into the sky.

Alice went timidly up to the door, and knocked.

"There's no sort of use in knocking," said the Footman, "and that for two reasons. First, because I'm on the same side of the door as you are; secondly, because they're making such a noise inside, no one could possibly hear you." And certainly there was a most extraordinary noise going on within—a constant howling

l'intérieur - des hurlements et des éternuements constants, et de temps en temps un grand fracas, comme si un plat ou une bouilloire avait été brisé en morceaux.

« S'il vous plaît, alors, » dit Alice, « comment puis-je entrer ? »

« Il pourrait y avoir un certain sens à ce que vous toquiez, continua le valet sans s'occuper d'elle, si la porte se trouvait entre nous. Par exemple, si vous étiez à l'intérieur, vous pourriez toquer et je pourrais vous laisser sortir, vous savez. » Il continuait à regarder le ciel tout en parlant, et Alice trouvait cela clairement très impoli. « Mais peut-être qu'il ne peut pas s'en empêcher, » se dit-elle. « Ses yeux sont presque au sommet de sa tête. Mais en tout cas, il pourrait répondre aux questions. - Comment dois-je entrer ? » répéta-t-elle à haute voix.

« Je resterai assis ici, » remarqua le Laquais, « jusqu'à demain... »

À ce moment, la porte de la maison s'ouvrit, et une grande assiette en sortit, se dirigeant directement vers la tête du Laquais : elle lui frôla le nez et se brisa en morceaux contre l'un des arbres qui se trouvaient derrière lui.

« ... Ou le lendemain, peut-être, » continua le Laquais sur le même ton, exactement comme si de rien n'était.

and sneezing, and every now and then a great crash, as if a dish or kettle had been broken to pieces.

"Please, then," said Alice, "how am I to get in?"

"There might be some sense in your knocking," the Footman went on without attending to her, "if we had the door between us. For instance, if you were inside, you might knock, and I could let you out, you know." He was looking up into the sky all the time he was speaking, and this Alice thought decidedly uncivil. "But perhaps he can't help it," she said to herself; "his eyes are so very nearly at the top of his head. But at any rate he might answer questions.—How am I to get in?" she repeated, aloud.

"I shall sit here," the Footman remarked, "till tomorrow—"

At this moment the door of the house opened, and a large plate came skimming out, straight at the Footman's head: it just grazed his nose, and broke to pieces against one of the trees behind him.

"—or next day, maybe," the Footman continued in the same tone, exactly as if nothing had happened.

« Comment puis-je entrer ? » demanda à nouveau Alice, d'un ton plus insistant.

"How am I to get in?" asked Alice again, in a louder tone.

« Devriez-vous entrer ? » dit le Laquais. « C'est ce que vous devriez vous demander, vous savez ? »

"Are you to get in at all?" said the Footman. "That's the first question, you know."

Sans aucun doute : seulement Alice n'aimait pas qu'on lui dise ce qu'elle devait faire. « C'est vraiment affreux, » se murmura-t-elle, « la façon dont toutes les créatures se disputent. On en deviendrait fou ! »

It was, no doubt: only Alice did not like to be told so. "It's really dreadful," she muttered to herself, "the way all the creatures argue. It's enough to drive one crazy!"

Le Laquais semblait penser que c'était une bonne occasion pour répéter sa remarque, avec des variantes. « Je vais m'asseoir ici » dit-il, « de temps en temps, pendant des jours et des

The Footman seemed to think this a good opportunity for repeating his remark, with variations. "I shall sit here," he said, "on and off, for days and days."

jours. »

« Mais que dois-je faire ? » dit Alice.

« Comme vous voulez, » dit le Laquais, et il se mit à siffler.

« Oh, ça ne sert à rien de lui parler, » dit Alice désespérément : « il est parfaitement idiot ! » Et ouvrit la porte et entra.

La porte menait à droite dans une grande cuisine, qui était remplie de fumée d'un bout à l'autre : la Duchesse était assise sur un tabouret à trois pieds au milieu, allaitant un bébé ; la cuisinière était penchée sur le feu, remuant un grand chaudron qui semblait rempli de soupe.

« Il y a certainement trop de poivre dans cette soupe ! » se dit Alice entre deux éternuements.

Il y en avait certainement trop dans l'air. Même la Duchesse éternuait de temps en temps ; et, quant au bébé, il éternuait et hurlait alternativement sans un instant de pause. Les seuls qui n'éternuaient pas dans la cuisine étaient la cuisinière et un gros chat qui était assis dans l'âtre avec un sourire d'une oreille à l'autre.

« S'il vous plaît, pourriez-vous me dire, » dit Alice, un peu timidement, car elle n'était pas tout à fait sûre que les bonnes manières lui autorisaient de parler en premier, « pourquoi

"But what am I to do?" said Alice.

"Anything you like," said the Footman, and began whistling.

"Oh, there's no use in talking to him," said Alice desperately: "he's perfectly idiotic!" And she opened the door and went in.

The door led right into a large kitchen, which was full of smoke from one end to the other: the Duchess was sitting on a three-legged stool in the middle, nursing a baby; the cook was leaning over the fire, stirring a large cauldron which seemed to be full of soup.

"There's certainly too much pepper in that soup!" Alice said to herself, as well as she could for sneezing.

There was certainly too much of it in the air. Even the Duchess sneezed occasionally; and as for the baby, it was sneezing and howling alternately without a moment's pause. The only things in the kitchen that did not sneeze, were the cook, and a large cat which was sitting on the hearth and grinning from ear to ear.

"Please would you tell me," said Alice, a little timidly, for she was not quite sure whether it was good manners for her to speak first, "why your cat grins like that?"

votre chat sourit-il comme ça ? »

« C'est un chat du Cheshire, » déclara la Duchesse, « voilà pourquoi. Cochon ! »

"It's a Cheshire cat," said the Duchess, "and that's why. Pig!"

Elle prononça le dernier mot avec une violence si soudaine qu'Alice sursauta ; mais elle vit l'instant d'après qu'elle s'adressait au bébé et non à elle, alors elle reprit courage et continua :

She said the last word with such sudden violence that Alice quite jumped; but she saw in another moment that it was addressed to the baby, and not to her, so she took courage, and went on again:—

« Je ne savais pas que les chats du Cheshire souriaient toujours ; en fait, je ne savais pas que les chats pouvaient sourire. »

"I didn't know that Cheshire cats always grinned; in fact, I didn't know that cats could grin."

« Ils le peuvent tous, » dit la Duchesse ; « et la plupart d'entre eux le font. »

"They all can," said the Duchess; "and most of 'em do."

« Je n'en connais aucun qui le fasse, » dit très poliment Alice, se sentant très heureuse d'avoir entamé une conversation.

"I don't know of any that do," Alice said very politely, feeling quite pleased to have got into a conversation.

« Vous ne savez pas grand-chose, » dit la Duchesse ; « c'est un fait. »

"You don't know much," said the Duchess; "and that's a fact."

Alice n'aima pas du tout le ton de cette remarque et pensa qu'il valait mieux introduire un autre sujet de conversation. Pendant qu'elle essayait d'en trouver un, la cuisinière enleva le chaudron de soupe du feu, et se mit aussitôt au travail en jetant tout ce qui était à sa portée sur la Duchesse et le bébé - les ustensiles arrivèrent en premier ; puis suivit une pluie de

Alice did not at all like the tone of this remark, and thought it would be as well to introduce some other subject of conversation. While she was trying to fix on one, the cook took the cauldron of soup off the fire, and at once set to work throwing everything within her reach at the Duchess and the baby—the fire-irons came first; then followed a shower of

casseroles, d'assiettes et de plats. La Duchesse ne les remarqua même pas quand ils la touchèrent ; et le bébé hurlait déjà tellement qu'il était tout à fait impossible de dire si les coups lui faisaient mal ou non.

« Oh, faites attention à ce que vous faites ! » s'écria Alice en sautant en l'air dans une terreur bleue. « Oh, son précieux petit nez ! » lorsqu'une casserole inhabituellement grande s'envola près du bébé et faillit emporter son nez.

« Si tout le monde s'occupait de ses affaires, » déclara la Duchesse dans un grognement rauque, « le monde s'en porterait mieux. »

« Ce ne serait pas un avantage, » dit Alice, qui se sentit très heureuse d'avoir l'occasion de montrer un peu de ses connaissances. « Pensez simplement à ce que deviendraient le jour et la nuit ! Vous voyez, la Terre met vingt-quatre heures à tourner sur son axe... »

« En parlant de haches, » dit la Duchesse, « coupez-lui la tête ! »

Alice jeta un coup d'œil plutôt anxieux à la cuisinière, pour voir si elle avait l'intention d'obéir ; mais la cuisinière était occupée à remuer la soupe, et semblait ne pas écouter, alors elle reprit : « Vingt-quatre heures, je crois ; ou est-ce douze ? JE- »

saucepans, plates, and dishes. The Duchess took no notice of them even when they hit her; and the baby was howling so much already, that it was quite impossible to say whether the blows hurt it or not.

"Oh, please mind what you're doing!" cried Alice, jumping up and down in an agony of terror. "Oh, there goes his precious nose!" as an unusually large saucepan flew close by it, and very nearly carried it off.

"If everybody minded their own business," the Duchess said in a hoarse growl, "the world would go round a deal faster than it does."

"Which would not be an advantage," said Alice, who felt very glad to get an opportunity of showing off a little of her knowledge. "Just think of what work it would make with the day and night! You see the Earth takes twenty-four hours to turn round on its axis—"

"Talking of axes," said the Duchess, "chop off her head!"

Alice glanced rather anxiously at the cook, to see if she meant to take the hint; but the cook was busily stirring the soup, and seemed not to be listening, so she went on again: "Twenty-four hours, I think; or is it twelve? I—"

« Oh, arrête de m'embêter, » dit la Duchesse ; « Je n'ai jamais pu supporter les chiffres ! » Et avec cela, elle recommença à allaiter son enfant, en lui chantant une sorte de berceuse, et en lui donnant une violente secousse à la fin de chaque vers :

« Grondez-moi ce vilain garçon !
Battez-le quand il éternue,
À vous taquiner, sans façon
Le méchant enfant s'évertue : »

Refrain
(Que reprirent en chœur la cuisinière et le bébé) :

« Wow, wow, wow »

Pendant que la Duchesse chantait le deuxième couplet de la chanson, elle ne cessait de secouer violemment le bébé de haut en bas, et la pauvre petite chose hurlait tellement qu'Alice pouvait à peine entendre les mots : -

« Oui, oui je m'en vais le gronder,
Et le battre s'il éternue,
Car bientôt à savoir poivrer,
Je veux que l'enfant s'habitue. »

Refrain
« Wow, wow, wow »

« Tiens ! Tu peux t'en occuper un peu, si tu veux ! » dit la Duchesse à Alice en lui jetant le bébé pendant qu'elle parlait. « Je dois aller me préparer pour jouer au croquet avec

"Oh, don't bother me," said the Duchess; "I never could abide figures!" And with that she began nursing her child again, singing a sort of lullaby to it as she did so, and giving it a violent shake at the end of every line:

"Speak roughly to your little boy,
And beat him when he sneezes:
He only does it to annoy,
Because he knows it teases."

Chorus
(In which the cook and the baby joined):

"Wow! wow! wow!"

While the Duchess sang the second verse of the song, she kept tossing the baby violently up and down, and the poor little thing howled so, that Alice could hardly hear the words:—

"I speak severely to my boy,
I beat him when he sneezes;
For he can thoroughly enjoy
The pepper when he pleases!"

Chorus
"Wow! wow! wow!"

"Here! you may nurse it a bit, if you like!" the Duchess said to Alice, flinging the baby at her as she spoke. "I must go and get ready to play croquet with the Queen," and she

la Reine, » et elle se précipita hors de la pièce. La cuisinière lui lança une poêle en sortant, mais elle la manqua de peu.

Alice attrapa difficilement le bébé, car c'était une petite créature de forme étrange qui tendait ses bras et ses jambes dans toutes les directions, « comme une étoile de mer, » pensa Alice. La pauvre petite chose reniflait comme une locomotive à vapeur quand elle l'attrapa, et continua à gigoter de sorte qu'au final, pendant une minute ou deux, tout ce qu'elle pouvait faire était d'essayer de le retenir.

Dès qu'elle eut trouvé la bonne façon de s'en occuper, (qui était de le tordre en une sorte de nœud, puis de tenir fermement son oreille droite et son pied gauche, afin d'éviter qu'il se défasse), elle l'emmena dehors. « Si je n'emmène pas cet enfant avec moi, » pensa Alice, « ils le tueront dans en jour ou deux pour sûr : ne serait-ce pas un meurtre de l'abandonner ? » Elle prononça les derniers mots à voix haute, et la petite chose grogna en réponse (elle avait cessé d'éternuer à ce moment-là). « Ne grogne pas, » dit Alice ; « ce n'est pas du tout une bonne façon de t'exprimer. »

Le bébé grogna à nouveau, et Alice observa son visage avec beaucoup d'inquiétude pour voir quel était son problème. Il ne faisait aucun doute qu'il avait un nez très retroussé, bien

hurried out of the room. The cook threw a frying-pan after her as she went out, but it just missed her.

Alice caught the baby with some difficulty, as it was a queer-shaped little creature, and held out its arms and legs in all directions, "just like a star-fish," thought Alice. The poor little thing was snorting like a steam-engine when she caught it, and kept doubling itself up and straightening itself out again, so that altogether, for the first minute or two, it was as much as she could do to hold it.

As soon as she had made out the proper way of nursing it, (which was to twist it up into a sort of knot, and then keep tight hold of its right ear and left foot, so as to prevent its undoing itself,) she carried it out into the open air. "If I don't take this child away with me," thought Alice, "they're sure to kill it in a day or two: wouldn't it be murder to leave it behind?" She said the last words out loud, and the little thing grunted in reply (it had left off sneezing by this time). "Don't grunt," said Alice; "that's not at all a proper way of expressing yourself."

The baby grunted again, and Alice looked very anxiously into its face to see what was the matter with it. There could be no doubt that it had a very turn-up nose, much more like

plus qu'un véritable nez ; aussi, ses yeux étaient extrêmement petits pour un bébé : dans l'ensemble, Alice n'aimait pas du tout l'apparence de la chose. « Mais peut-être que c'était seulement des sanglots, » pensa-t-elle, et elle le regarda à nouveau dans les yeux, pour voir s'il y avait des larmes.

a snout than a real nose; also its eyes were getting extremely small for a baby: altogether Alice did not like the look of the thing at all. "But perhaps it was only sobbing," she thought, and looked into its eyes again, to see if there were any tears.

Non, il n'y avait pas de larmes. « Si tu veux te transformer en cochon, mon cher, » dit Alice, avec sérieux, « je n'aurai plus rien à faire avec toi. Attention maintenant ! » Le pauvre petit sanglotait à nouveau (ou grognait, impossible de dire lequel des deux), et ils continuèrent ainsi quelques temps en silence.

No, there were no tears. "If you're going to turn into a pig, my dear," said Alice, seriously, "I'll have nothing more to do with you. Mind now!" The poor little thing sobbed again (or grunted, it was impossible to say which), and they went on for some while in silence.

Alice commençait à se dire : « Maintenant, que vais-je faire de cette créature quand je la ramènerai à la maison ? » quand il grogna de nouveau, si violemment, qu'elle le regarda en face avec une certaine inquiétude. Cette fois, il ne pouvait y avoir d'erreur : ce n'était ni plus ni moins qu'un cochon, et elle sentait qu'il serait tout à fait absurde pour elle de l'emmener plus loin.

Elle posa donc la petite créature à terre et se sentit soulagée de la voir trotter tranquillement dans le bois. « S'il avait grandi, se dit-elle, il aurait fait un enfant terriblement laid : mais il fait plutôt un beau cochon, à mon avis. » Et elle commença à penser à d'autres enfants qu'elle connaissait, qui seraient de très bons cochons, et elle était en train de se dire à elle-même : « Si seulement on connaissait la bonne façon de les transformer... » quand elle fut surprise par le Chat du Cheshire, assis sur une branche d'arbre à quelques mètres d'elle.

Le Chat sourit simplement en voyant Alice. Il a l'air de bonne humeur, pensa-t-elle ; cela dit, il avait de très longues griffes et beaucoup de dents, si bien qu'elle sentit qu'il devait être traité avec respect.

« Chaton Cheshire, » commença-t-elle, plutôt timidement, car elle ne savait pas du tout s'il aimerait ce nom : cependant, il ne fit qu'élargir son sourire. « Bon, il a l'air content, »

Alice was just beginning to think to herself, "Now, what am I to do with this creature when I get it home?" when it grunted again, so violently, that she looked down into its face in some alarm. This time there could be no mistake about it: it was neither more nor less than a pig, and she felt that it would be quite absurd for her to carry it further.

So she set the little creature down, and felt quite relieved to see it trot away quietly into the wood. "If it had grown up," she said to herself, "it would have made a dreadfully ugly child: but it makes rather a handsome pig, I think." And she began thinking over other children she knew, who might do very well as pigs, and was just saying to herself, "if one only knew the right way to change them—" when she was a little startled by seeing the Cheshire Cat sitting on a bough of a tree a few yards off.

The Cat only grinned when it saw Alice. It looked good-natured, she thought: still it had very long claws and a great many teeth, so she felt that it ought to be treated with respect.

"Cheshire Puss," she began, rather timidly, as she did not at all know whether it would like the name: however, it only grinned a little wider. "Come, it's pleased so far," thought

pensa Alice, et elle continua. « Pourriez-vous me dire, s'il vous plaît, dans quelle direction je devrais aller ? »

« Tout dépend de l'endroit où tu veux te rendre, » déclara le Chat.

« Ça m'est égal... » dit Alice.

« Dans ce cas, peu importe la direction que tu prendras, » dit le Chat.

« ... Tant que j'arrive quelque part, » ajouta Alice en guise d'explication.

« Oh, tu peux être sûre que cela arrivera, » dit le Chat, « si tu marches assez longtemps. »

Alice jugea la remarque indéniable, et s'essaya donc à une autre question.

« Quelle sorte de gens vivent ici ? »

« Dans cette direction, » dit le Chat en agitant sa patte droite, « vit un Chapelier : et dans cette direction, » agitant l'autre patte, « vit un Lièvre de Mars. Va où bon te semble : ils sont tous les deux fous. »

« Mais je ne veux pas aller parmi des fous, » remarqua Alice.

« Oh, tu ne peux rien y faire, » dit le Chat : « nous sommes tous

Alice, and she went on. "Would you tell me, please, which way I ought to go from here?"

"That depends a good deal on where you want to get to," said the Cat.

"I don't much care where—" said Alice.

"Then it doesn't matter which way you go," said the Cat.

"—so long as I get somewhere," Alice added as an explanation.

"Oh, you're sure to do that," said the Cat, "if you only walk long enough."

Alice felt that this could not be denied, so she tried another question.

"What sort of people live about here?"

"In that direction," the Cat said, waving its right paw round, "lives a Hatter: and in that direction," waving the other paw, "lives a March Hare. Visit either you like: they're both mad."

"But I don't want to go among mad people," Alice remarked.

"Oh, you can't help that," said the Cat: "we're all mad here. I'm mad.

fous ici. Je suis fou. Tu es folle. » You're mad."

« Comment savez-vous que je suis folle ? » dit Alice.

"How do you know I'm mad?" said Alice.

« Tu dois bien l'être, » dit le Chat, « sinon tu ne serais pas venue jusqu'ici. »

"You must be," said the Cat, "or you wouldn't have come here."

Alice ne pensait pas que cela constituait une preuve ; cependant, elle poursuivit : « Et comment savez-vous que vous êtes fou ? »

Alice didn't think that proved it at all; however, she went on "And how do you know that you're mad?"

« Pour commencer, » dit le Chat, « un chien n'est pas fou. Tu es bien d'accord ? »

"To begin with," said the Cat, "a dog's not mad. You grant that?"

« Je suppose que oui, » dit Alice.

"I suppose so," said Alice.

« Eh bien, alors, » continua le Chat, « tu vois, un chien grogne quand il est en colère, et remue la queue quand il est content. Et moi, je grogne quand je suis content, et je remue la queue quand je suis en colère. Par conséquent, je suis fou. »

"Well, then," the Cat went on, "you see, a dog growls when it's angry, and wags its tail when it's pleased. Now I growl when I'm pleased, and wag my tail when I'm angry. Therefore I'm mad."

« J'appelle ça ronronner, pas grogner, » dit Alice.

"I call it purring, not growling," said Alice.

« Appelle ça comme tu veux, » dit le Chat. « Vas-tu jouer au croquet avec la Reine aujourd'hui ? »

"Call it what you like," said the Cat. "Do you play croquet with the Queen to-day?"

« J'aimerais beaucoup cela, » dit Alice, « mais je n'ai pas encore été invitée. »

"I should like it very much," said Alice, "but I haven't been invited yet."

« Tu me verras là-bas, » dit le Chat, et il disparut.

"You'll see me there," said the Cat, and vanished.

Cela ne surprit pas particulièrement Alice, qui commençait à s'habituer à toutes ces choses bizarres qui se produisaient. Alors qu'elle regardait l'endroit où il se trouvait, il réapparut soudainement.

Alice was not much surprised at this, she was getting so used to queer things happening. While she was looking at the place where it had been, it suddenly appeared again.

« Avant de partir, qu'est devenu le bébé ? » dit le Chat. « J'avais presque oublié de demander. »

"By-the-bye, what became of the baby?" said the Cat. "I'd nearly forgotten to ask."

« Il s'est transformé en cochon, » dit doucement Alice, comme si c'était tout à fait naturel.

"It turned into a pig," Alice quietly said, just as if it had come back in a natural way.

« Je m'en doutais, » dit le Chat, et il disparut à nouveau.

"I thought it would," said the Cat, and vanished again.

Alice attendit un peu, s'attendant à le revoir, mais il ne réapparut pas et, après une minute ou deux, elle se mit à avancer dans la direction où le Lièvre de Mars était censé vivre. « J'ai déjà vu des Chapeliers, » se dit-elle ; « Le Lièvre de Mars sera de loin le plus intéressant, et peut-être que, comme nous sommes en mai, il ne sera pas fou - du moins pas aussi fou qu'en mars. » En disant cela, elle leva les yeux, et le chat était à nouveau là, assis sur une branche d'arbre.

« Tu disais cochon ou cocher ? » dit le Chat.

« J'ai dit cochon, » répondit Alice ; « Et j'aimerais que vous arrêtiez d'apparaître et de disparaître si

Alice waited a little, half expecting to see it again, but it did not appear, and after a minute or two she walked on in the direction in which the March Hare was said to live. "I've seen hatters before," she said to herself; "the March Hare will be much the most interesting, and perhaps as this is May it won't be raving mad—at least not so mad as it was in March." As she said this, she looked up, and there was the Cat again, sitting on a branch of a tree.

"Did you say pig, or fig?" said the Cat.

"I said pig," replied Alice; "and I wish you wouldn't keep appearing and vanishing so suddenly: you make

soudainement : vous me donnez le tournis. »

« Très bien, » dit le Chat ; et il disparut cette fois lentement à commencer par le bout de sa queue pour finir par son sourire, qui resta quelque temps après que le reste eut disparu.

« Eh bien ! J'ai souvent vu un chat sans sourire, » pensa Alice ; « mais un sourire sans chat ! C'est la chose la plus curieuse que j'aie jamais vue de ma vie ! »

Elle n'était pas allée beaucoup plus loin quand elle aperçu la maison du Lièvre de Mars : elle pensa que ce devait être la bonne maison, car les cheminées étaient en forme d'oreilles et le toit était recouvert de fourrure. C'était une si grande maison qu'elle craignait de s'en approcher jusqu'à ce qu'elle ait grignoté un peu du morceau de champignon qui se trouvait dans sa main gauche, et elle grandit jusqu'à environ deux pieds de haut : et malgré tout, elle s'approchait plutôt timidement de la maison, en se disant « Supposons qu'il soit complètement fou après tout ! J'aurais alors presque préféré aller voir le Chapelier ! »

one quite giddy."

"All right," said the Cat; and this time it vanished quite slowly, beginning with the end of the tail, and ending with the grin, which remained some time after the rest of it had gone.

"Well! I've often seen a cat without a grin," thought Alice; "but a grin without a cat! It's the most curious thing I ever saw in my life!"

She had not gone much farther before she came in sight of the house of the March Hare: she thought it must be the right house, because the chimneys were shaped like ears and the roof was thatched with fur. It was so large a house, that she did not like to go nearer till she had nibbled some more of the lefthand bit of mushroom, and raised herself to about two feet high: even then she walked up towards it rather timidly, saying to herself "Suppose it should be raving mad after all! I almost wish I'd gone to see the Hatter instead!"

Chapitre 7 : Une tea-party de folie

Chapter 7: A Mad Tea-Party

Il y avait là une table mise sous un arbre devant la maison, et le Lièvre de Mars et le Chapelier y prenaient le thé : un Loir était assis entre eux, profondément endormi, et les deux autres l'utilisaient comme coussin, s'y reposant, les coudes posés sur lui, et se parlant par-dessus sa tête. « Très inconfortable pour le Loir, » pensa Alice ; « cela dit, comme il dort, je suppose que ça ne le dérange pas. »

There was a table set out under a tree in front of the house, and the March Hare and the Hatter were having tea at it: a Dormouse was sitting between them, fast asleep, and the other two were using it as a cushion, resting their elbows on it, and talking over its head. "Very uncomfortable for the Dormouse," thought Alice; "only, as it's asleep, I suppose it doesn't mind."

La table était grande, mais les trois étaient entassés dans un coin : « Pas de place ! Pas de place ! » crièrent-ils quand ils virent Alice. « Il y a beaucoup de place ! » dit Alice avec

The table was a large one, but the three were all crowded together at one corner of it: "No room! No room!" they cried out when they saw Alice coming. "There's plenty of

indignation, et elle s'assit dans un grand fauteuil à une extrémité de la table.

« Prends donc un verre de vin, » dit le Lièvre de Mars d'un ton engageant.

Alice regarda tout autour de la table, mais il n'y avait rien d'autre que du thé. « Je ne vois pas de vin, » dit-elle.

« Il n'y en a pas, » a déclaré le Lièvre de Mars.

« Alors ce n'était pas très courtois de votre part de m'en proposer, » dit Alice avec colère.

« Ce n'était pas très courtois de ta part de t'asseoir sans y être invitée, » déclara le Lièvre de Mars.

« Je ne savais pas qu'il s'agissait de votre table, » dit Alice ; « elle a été mise pour beaucoup plus que trois personnes. »

« Tes cheveux mériteraient une coupe, » dit le Chapelier. Il regardait Alice depuis un certain temps avec une grande curiosité, et c'était la première phrase qu'il prononçait.

« Vous devriez apprendre à ne pas faire de remarques personnelles, » dit Alice avec une certaine sévérité ; « c'est très impoli. »

À ces mots, le Chapelier ouvrit de grands yeux ; mais tout ce qu'il dit

room!" said Alice indignantly, and she sat down in a large arm-chair at one end of the table.

"Have some wine," the March Hare said in an encouraging tone.

Alice looked all round the table, but there was nothing on it but tea. "I don't see any wine," she remarked.

"There isn't any," said the March Hare.

"Then it wasn't very civil of you to offer it," said Alice angrily.

"It wasn't very civil of you to sit down without being invited," said the March Hare.

"I didn't know it was your table," said Alice; "it's laid for a great many more than three."

"Your hair wants cutting," said the Hatter. He had been looking at Alice for some time with great curiosity, and this was his first speech.

"You should learn not to make personal remarks," Alice said with some severity; "it's very rude."

The Hatter opened his eyes very wide on hearing this; but all he said was,

fut : « Pourquoi un corbeau est-il comme un écritoire ? »

"Why is a raven like a writing-desk?"

« Eh bien, nous allons nous amuser maintenant ! » pensa Alice. « Je suis ravie qu'ils commencent à poser des devinettes. - Je crois que je peux la résoudre, » ajouta-t-elle à haute voix.

"Come, we shall have some fun now!" thought Alice. "I'm glad they've begun asking riddles.—I believe I can guess that," she added aloud.

« Veux-tu dire que tu penses pouvoir trouver la réponse ? » dit le Lièvre de Mars.

"Do you mean that you think you can find out the answer to it?" said the March Hare.

« Exactement, » dit Alice.

"Exactly so," said Alice.

« Alors tu devrais dire ce que tu veux dire, » continua le Lièvre de Mars.

"Then you should say what you mean," the March Hare went on.

« C'est ce que je fais, » répondit précipitamment Alice ; « du moins - du moins je veux dire ce que je dis - c'est la même chose, vous voyez. »

"I do," Alice hastily replied; "at least— at least I mean what I say—that's the same thing, you know."

« Ce n'est pas du tout la même chose ! » dit le Chapelier.

"Not the same thing a bit!" said the Hatter.

« Tu pourrais aussi bien dire que "je vois ce que je mange" est la même chose que "je mange ce que je vois" ! »

"You might just as well say that 'I see what I eat' is the same thing as 'I eat what I see'!"

« Tu pourrais aussi bien dire, » ajouta le Lièvre de Mars, « que "j'aime ce que j'obtiens" est la même chose que "j'obtiens ce que j'aime" ! »

"You might just as well say," added the March Hare, "that 'I like what I get' is the same thing as 'I get what I like'!"

« Tu pourrais aussi bien dire, » ajouta le Loir, qui semblait parler dans son sommeil, « que "je respire quand je dors" est la même chose que "je dors quand je respire" ! »

"You might just as well say," added the Dormouse, who seemed to be talking in his sleep, "that 'I breathe when I sleep' is the same thing as 'I sleep when I breathe'!"

« C'est la même chose avec toi, » dit le Chapelier, et la conversation s'arrêta là, et la fête continua silencieusement pendant une minute tandis qu'Alice réfléchissait à tout ce dont elle pouvait se souvenir à propos de corbeaux et d'écritoires, c'est à dire pas grand-chose. Le Chapelier fut le premier à rompre le silence.

« Quel jour du mois sommes-nous ? » dit-il en se tournant vers Alice : il avait sorti sa montre de sa poche, et la regardait avec inquiétude, la secouant de temps à autre et la tenant à son oreille.

Alice réfléchit un peu, puis dit « Le quatre. »

« Deux jours de retard ! » soupira le Chapelier. « Je t'avais dit que le beurre ne ferait pas l'affaire ! » ajouta-t-il en regardant avec colère le Lièvre de Mars.

« C'était le meilleur beurre, » répondit docilement le Lièvre de Mars.

« Oui, mais des miettes ont dû entrer aussi, » grogna le Chapelier : « tu n'aurais pas dû le mettre avec le couteau à pain. »

Le Lièvre de Mars prit la montre et la regarda d'un air sombre : puis il la trempa dans sa tasse de thé, et la regarda à nouveau : mais il ne trouva rien de mieux à dire que sa première remarque : « c'était le meilleur beurre,

"It is the same thing with you," said the Hatter, and here the conversation dropped, and the party sat silent for a minute, while Alice thought over all she could remember about ravens and writing-desks, which wasn't much. The Hatter was the first to break the silence.

"What day of the month is it?" he said, turning to Alice: he had taken his watch out of his pocket, and was looking at it uneasily, shaking it every now and then, and holding it to his ear.

Alice considered a little, and then said "The fourth."

"Two days wrong!" sighed the Hatter. "I told you butter wouldn't suit the works!" he added looking angrily at the March Hare.

"It was the best butter," the March Hare meekly replied.

"Yes, but some crumbs must have got in as well," the Hatter grumbled: "you shouldn't have put it in with the bread-knife."

The March Hare took the watch and looked at it gloomily: then he dipped it into his cup of tea, and looked at it again: but he could think of nothing better to say than his first remark: "it was the best butter, you know."

tu sais. »

Alice regarda par-dessus son épaule avec curiosité. « Quelle drôle de montre ! » fit-elle remarquer. « Elle indique le jour du mois et ne dit pas quelle heure il est ! »

Alice had been looking over his shoulder with some curiosity. "What a funny watch!" she remarked. "It tells the day of the month, and doesn't tell what o'clock it is!"

« Pourquoi le devrait-elle ? » marmonna le Chapelier. « Est-ce que ta montre te dit en quelle année nous sommes ? »

"Why should it?" muttered the Hatter. "Does your watch tell you what year it is?"

« Bien sûr que non, » répondit très volontiers Alice : « mais c'est parce que l'année reste inchangée pendant très longtemps. »

"Of course not," Alice replied very readily: "but that's because it stays the same year for such a long time together."

« Ce qui est juste le cas avec la mienne, » a déclaré le Chapelier.

"Which is just the case with mine," said the Hatter.

Alice se sentit terriblement perplexe. La remarque du Chapelier semblait n'avoir aucun sens, et pourtant c'était de l'anglais, sans aucun doute. « Je ne vous comprends pas très bien, » dit-elle, aussi poliment qu'elle le pouvait.

Alice felt dreadfully puzzled. The Hatter's remark seemed to have no sort of meaning in it, and yet it was certainly English. "I don't quite understand you," she said, as politely as she could.

« Le Loir s'est rendormi, » dit le Chapelier, et il versa un peu de thé chaud sur son museau.

"The Dormouse is asleep again," said the Hatter, and he poured a little hot tea upon its nose.

Le Loir secoua la tête avec impatience et dit, sans ouvrir les yeux, « Absolument, absolument, c'est exactement ce que j'allais dire. »

The Dormouse shook its head impatiently, and said, without opening its eyes, "Of course, of course; just what I was going to remark myself."

« As-tu résolu l'énigme ? » dit le Chapelier en se retournant vers

"Have you guessed the riddle yet?" the Hatter said, turning to Alice

Alice.

again.

« Non, j'abandonne, » répondit Alice : « quelle est la réponse ? »

"No, I give it up," Alice replied: "what's the answer?"

« Je n'en ai pas la moindre idée, » dit le Chapelier.

"I haven't the slightest idea," said the Hatter.

« Moi non plus, » dit le Lièvre de Mars.

"Nor I," said the March Hare.

Alice soupira avec lassitude. « Je pense que vous pourriez mieux occuper votre temps, » dit-elle « que de le gaspiller à poser des devinettes sans réponse. »

Alice sighed wearily. "I think you might do something better with the time," she said, "than waste it in asking riddles that have no answers."

« Si tu connaissais le Temps aussi bien que moi, » dit le Chapelier, « tu ne parlerais pas de le gaspiller. C'est une personne. »

"If you knew Time as well as I do," said the Hatter, "you wouldn't talk about wasting it. It's him."

« Je ne comprends pas ce que vous voulez dire, » dit Alice.

"I don't know what you mean," said Alice.

« Évidemment que non ! » dit le Chapelier en secouant la tête avec mépris. « Je me permets de penser que tu n'as même jamais parlé au Temps ! »

"Of course you don't!" the Hatter said, tossing his head contemptuously. "I dare say you never even spoke to Time!"

« Peut-être pas, » répondit prudemment Alice : « mais je sais que je dois battre le tempo quand j'apprends la musique. »

"Perhaps not," Alice cautiously replied: "but I know I have to beat time when I learn music."

« Ah ! tout s'explique, » dit le Chapelier. « Il ne supporte pas d'être battu. Cela dit, si tu parviens à rester en bons termes avec lui, il fera

"Ah! that accounts for it," said the Hatter. "He won't stand beating. Now, if you only kept on good terms with him, he'd do almost anything you

presque tout ce que tu voudras avec une horloge. Par exemple, supposons qu'il soit neuf heures du matin, juste le temps de commencer les leçons : il suffit de chuchoter au Temps, et l'horloge tournera en un clin d'œil ! Une heure et demie, l'heure du dîner ! »

« J'aimerais que ce soit le cas, » se dit le Lièvre de Mars dans un murmure.

« Ce serait génial, certainement, » dit Alice pensivement : « mais alors - je n'aurais pas encore faim, vous savez. »

« Peut-être pas au début, » dit le Chapelier : « mais tu pourrais figer le temps à une heure et demie aussi

liked with the clock. For instance, suppose it were nine o'clock in the morning, just time to begin lessons: you'd only have to whisper a hint to Time, and round goes the clock in a twinkling! Half-past one, time for dinner!"

"I only wish it was," the March Hare said to itself in a whisper.

"That would be grand, certainly," said Alice thoughtfully: "but then—I shouldn't be hungry for it, you know."

"Not at first, perhaps," said the Hatter: "but you could keep it to half-past one as long as you liked."

longtemps que tu le souhaiterais. »

« C'est ainsi que vous faites ? » demanda Alice.

"Is that the way you manage?" Alice asked.

Le Chapelier secoua tristement la tête. « Pas moi ! » répondit-il. « Nous nous sommes disputés en mars dernier - juste avant qu'il ne devienne fou, tu sais… » (pointant le Lièvre de Mars de sa cuillère à thé) « …c'était au grand concert donné par la Reine de Cœur, et j'ai dû chanter

The Hatter shook his head mournfully. "Not I!" he replied. "We quarrelled last March—just before he went mad, you know—" (pointing with his tea spoon at the March Hare,) "—it was at the great concert given by the Queen of Hearts, and I had to sing

"Ah ! vous dirai-je, ma sœur,
Ce qui calme ma douleur !"

'Twinkle, twinkle, little bat!
How I wonder what you're at!'

Tu connais peut-être cette chanson ? »

You know the song, perhaps?"

« J'ai déjà entendu quelque chose comme ça, » dit Alice.

"I've heard something like it," said Alice.

« Tu connais la suite, » dit le Chapelier. Et il continua :

"It goes on, you know," the Hatter continued, "in this way:—

"C'est que j'avais des dragées,
Et que je les ai mangées." »

'Up above the world you fly,
Like a tea-tray in the sky.
            Twinkle, twinkle—'"

À ce moment-là, le Loir se secoua et commença à chanter dans son sommeil « Et que je les ai mangées, mangées, mangées, mangées… » et continua si longtemps qu'ils durent le pincer pour qu'il s'arrête.

Here the Dormouse shook itself, and began singing in its sleep "Twinkle, twinkle, twinkle, twinkle—" and went on so long that they had to pinch it to make it stop.

« Eh bien, j'avais à peine fini le premier couplet, » dit le Chapelier, « quand la Reine se leva et hurla : "Il tue le Temps ! Qu'on lui coupe la

"Well, I'd hardly finished the first verse," said the Hatter, "when the Queen jumped up and bawled out, 'He's murdering the time! Off with

tête !"»

"How dreadfully savage!" exclaimed Alice.

« Comme c'est atrocement sauvage ! » s'exclama Alice.

"And ever since that," the Hatter went on in a mournful tone, "he won't do a thing I ask! It's always six o'clock now."

« Et depuis, » continua le Chapelier d'un ton triste, « il ne fait plus rien de ce que je lui demande ! Il est toujours six heures à présent. »

A bright idea came into Alice's head. "Is that the reason so many tea-things are put out here?" she asked.

Alice eut alors une brillante idée. « Est-ce la raison pour laquelle il y a ici autant de tasses de thé ? » demanda-t-elle.

"Yes, that's it," said the Hatter with a sigh: "it's always tea-time, and we've no time to wash the things between whiles."

« Oui, c'est ça, » dit le Chapelier avec un soupir : « c'est toujours l'heure du thé, et nous n'avons jamais le temps de les laver. »

"Then you keep moving round, I suppose?" said Alice.

« Alors vous tournez autour de la table continuellement, je suppose ? » dit Alice.

"Exactly so," said the Hatter: "as the things get used up."

« Exactement, » dit le Chapelier : « à mesure que les tasses sont utilisées. »

"But what happens when you come to the beginning again?" Alice ventured to ask.

« Mais que se passe-t-il lorsque vous revenez au début ? » se risqua Alice.

"Suppose we change the subject," the March Hare interrupted, yawning. "I'm getting tired of this. I vote the young lady tells us a story."

« Supposons que nous changions de sujet, » interrompit le Lièvre de Mars en bâillant. « Cela me fatigue. Je vote pour que la demoiselle nous raconte une histoire. »

"I'm afraid I don't know one," said Alice, rather alarmed at the proposal.

« J'ai bien peur de ne pas en connaître une seule, » dit Alice, assez alarmée par la proposition.

« Alors le Loir le fera ! » crièrent-ils tous les deux. « Réveille-toi, Loir ! » Et ils le pincèrent des deux côtés à la fois.

Le Loir ouvrit lentement les yeux. « Je ne dormais pas, » dit-il d'une voix rauque et faible : « J'ai entendu chaque mot que vous prononciez. »

« Raconte-nous une histoire ! » dit le Lièvre de Mars.

« Oui, s'il vous plaît ! » plaida Alice.

« Et dépêche-toi, » ajouta le Chapelier, « ou tu te rendormiras avant la fin. »

« Il était une fois trois petites sœurs, » commença précipitamment le Loir ; « et leurs noms étaient Elsie, Lacie et Tillie ; et elles vivaient au fond d'un puits... »

« De quoi vivaient-elles ? » dit Alice, qui s'était toujours beaucoup intéressée aux questions de nourriture et de boisson.

« Elles vivaient de mélasse, » dit le Loir après une ou deux minutes de réflexion.

« C'est impossible, vous savez, » remarqua doucement Alice ; « elles auraient été malades. »

« Aussi l'étaient-elles, » dit le Loir ; « très malades. »

"Then the Dormouse shall!" they both cried. "Wake up, Dormouse!" And they pinched it on both sides at once.

The Dormouse slowly opened his eyes. "I wasn't asleep," he said in a hoarse, feeble voice: "I heard every word you fellows were saying."

"Tell us a story!" said the March Hare.

"Yes, please do!" pleaded Alice.

"And be quick about it," added the Hatter, "or you'll be asleep again before it's done."

"Once upon a time there were three little sisters," the Dormouse began in a great hurry; "and their names were Elsie, Lacie, and Tillie; and they lived at the bottom of a well—"

"What did they live on?" said Alice, who always took a great interest in questions of eating and drinking.

"They lived on treacle," said the Dormouse, after thinking a minute or two.

"They couldn't have done that, you know," Alice gently remarked; "they'd have been ill."

"So they were," said the Dormouse; "very ill."

Alice essaya de s'imaginer à quoi pouvait ressembler un mode de vie aussi extraordinaire, mais cela la rendait trop confuse, alors elle poursuivit : « Mais pourquoi vivaient-elles au fond d'un puits ? »

Alice tried to fancy to herself what such an extraordinary ways of living would be like, but it puzzled her too much, so she went on: "But why did they live at the bottom of a well?"

« Sers-toi encore du thé, » dit le Lièvre de Mars très sérieusement à Alice.

"Take some more tea," the March Hare said to Alice, very earnestly.

« Je n'en ai pas encore eu, » répondit Alice d'un ton offensé, « je ne peux donc pas en reprendre. »

"I've had nothing yet," Alice replied in an offended tone, "so I can't take more."

« Tu veux dire que tu ne peux pas en reprendre moins, » dit le Chapelier : « il est très facile de prendre plus que rien. »

"You mean you can't take less," said the Hatter: "it's very easy to take more than nothing."

« Personne ne vous a demandé votre avis, » dit Alice.

"Nobody asked your opinion," said Alice.

« Qui est-ce qui fait des remarques personnelles à présent ? » demanda triomphalement le Chapelier.

"Who's making personal remarks now?" the Hatter asked triumphantly.

Alice ne savait que répondre à cela : elle se servit donc du thé, du pain et du beurre, puis se tourna vers le Loir et réitéra sa question. « Pourquoi vivaient-elles au fond d'un puits ? »

Alice did not quite know what to say to this: so she helped herself to some tea and bread-and-butter, and then turned to the Dormouse, and repeated her question. "Why did they live at the bottom of a well?"

Le Loir prit de nouveau une minute ou deux pour réfléchir, puis dit : « C'était un puits de mélasse. »

The Dormouse again took a minute or two to think about it, and then said, "It was a treacle-well."

« Cela n'existe pas ! » commença Alice avec beaucoup de colère, mais

"There's no such thing!" Alice was beginning very angrily, but the

le Chapelier et le Lièvre de Mars répondirent « Chut ! Chut ! » et le Loir fit une remarque boudeuse : « Si tu ne peux pas te montrer courtoise, tu ferais mieux de terminer l'histoire à ma place. »

« Non, poursuivez, s'il vous plaît ! » dit Alice très humblement ; « Je ne vous interromprai plus. J'oserais même dire qu'il y en a peut-être un. »

« Il y en a un, en effet ! » dit le Loir avec indignation. Cependant, il consenti à continuer. « Et donc ces trois petites sœurs - elles apprenaient à dessiner, vous savez - »

« Que dessinèrent-elles ? » dit Alice, oubliant complètement sa promesse.

« De la mélasse, » dit le Loir sans prendre le temps de réfléchir.

« Je veux une tasse propre, » interrompit le Chapelier : « déplaçons-nous tous d'une chaise. »

Il avançait en parlant, et le Loir le suivit : le Lièvre de Mars prit la place du Loir, et Alice prit sans vraiment le vouloir la place du Lièvre de Mars. Le Chapelier était le seul à tirer profit du changement : et Alice était bien plus mal lotie qu'avant, car le Lièvre de Mars venait de renverser le pot de lait dans son assiette.

Alice souhaitait éviter d'offenser à

Hatter and the March Hare went "Sh! sh!" and the Dormouse sulkily remarked, "If you can't be civil, you'd better finish the story for yourself."

"No, please go on!" Alice said very humbly; "I won't interrupt again. I dare say there may be one."

"One, indeed!" said the Dormouse indignantly. However, he consented to go on. "And so these three little sisters—they were learning to draw, you know—"

"What did they draw?" said Alice, quite forgetting her promise.

"Treacle," said the Dormouse, without considering at all this time.

"I want a clean cup," interrupted the Hatter: "let's all move one place on."

He moved on as he spoke, and the Dormouse followed him: the March Hare moved into the Dormouse's place, and Alice rather unwillingly took the place of the March Hare. The Hatter was the only one who got any advantage from the change: and Alice was a good deal worse off than before, as the March Hare had just upset the milk-jug into his plate.

Alice did not wish to offend the

nouveau le Loir, alors elle reprit avec prudence : « Mais je ne comprends pas. D'où tirèrent-elles la mélasse ? »

« On peut puiser de l'eau d'un puits d'eau, » dit le Chapelier ; « Alors je suppose que l'on peut tirer de la mélasse d'un puits de mélasse - eh, c'est idiot ? »

« Mais elles étaient dans le puits, » dit Alice au Loir, choisissant de ne pas relever cette dernière remarque.

« Bien sûr qu'elles y étaient, » dit le Loir ; « ... tout au fond. »

Cette réponse troubla tellement la pauvre Alice qu'elle laissa le Loir continuer pendant quelque temps sans l'interrompre.

« Elles apprenaient à dessiner, » continua le Loir en bâillant et en se frottant les yeux, car il avait très envie de dormir ; « et elles dessinaient toutes sortes de choses - tout ce qui commençait par un P - »

« Pourquoi par un P ? » dit Alice.

« Pourquoi pas ? » dit le Lièvre de Mars.

Alice était silencieuse.

À ce moment-là, le Loir avait fermé les yeux et s'endormait ; mais, pincé par le Chapelier, il se réveilla avec

Dormouse again, so she began very cautiously: "But I don't understand. Where did they draw the treacle from?"

"You can draw water out of a water-well," said the Hatter; "so I should think you could draw treacle out of a treacle-well—eh, stupid?"

"But they were in the well," Alice said to the Dormouse, not choosing to notice this last remark.

"Of course they were," said the Dormouse; "—well in."

This answer so confused poor Alice, that she let the Dormouse go on for some time without interrupting it.

"They were learning to draw," the Dormouse went on, yawning and rubbing its eyes, for it was getting very sleepy; "and they drew all manner of things—everything that begins with an M—"

"Why with an M?" said Alice.

"Why not?" said the March Hare.

Alice was silent.

The Dormouse had closed its eyes by this time, and was going off into a doze; but, on being pinched by the

un petit cri, et continua : « - cela commence par un P, comme pièges à souris et pleine lune, et postérité et philanthropie - tu sais, tu dis que les choses sont "beaucoup de choses" - mais as-tu déjà vu une telle chose qu'un dessin de beaucoup de choses ? »

« En réalité, puisque vous me posez la question, » dit Alice, très confuse, « je ne pense pas... »

« Alors tu ne devrais pas parler, » dit le Chapelier.

Cette impolitesse était plus que ce qu'Alice ne pouvait supporter : elle se leva dans un élan de dégoût et s'éloigna ; le Loir s'endormit

Hatter, it woke up again with a little shriek, and went on: "—that begins with an M, such as mouse-traps, and the moon, and memory, and muchness—you know you say things are "much of a muchness"—did you ever see such a thing as a drawing of a muchness?"

"Really, now you ask me," said Alice, very much confused, "I don't think—"

"Then you shouldn't talk," said the Hatter.

This piece of rudeness was more than Alice could bear: she got up in great disgust, and walked off; the Dormouse fell asleep instantly,

instantanément, et aucun des autres ne prêta la moindre attention à son départ, même lorsqu'elle se retourna une fois ou deux, espérant qu'ils la rappelleraient : la dernière fois qu'elle les vit, ils étaient en train d'essayer de mettre le Loir dans la théière.

« De toute façon, je n'y retournerai jamais ! » dit Alice alors qu'elle se frayait un chemin à travers le bois. « C'est la tea-party la plus stupide à laquelle j'ai jamais assisté de toute ma vie ! »

Au moment où elle disait cela, elle remarqua que l'un des arbres possédait une porte qui menait à son centre. « C'est très curieux ! » pensa-t-elle. « Mais tout est curieux aujourd'hui. Je pense que je peux aussi bien entrer tout de suite. » Et elle y alla.

Elle se retrouva une fois de plus dans le long couloir, près de la petite table en verre. « Bon, je m'en sortirai mieux cette fois, » se dit-elle, et commença par prendre la petite clé dorée pour déverrouiller la porte qui menait au jardin. Puis elle se mit à grignoter le champignon (elle en avait gardé un morceau dans sa poche) jusqu'à ce qu'elle atteigne environ un pied de haut : puis elle descendit le petit passage : et alors - elle se retrouva enfin dans le beau jardin, parmi les parterres de fleurs éclatants et les fontaines fraîches.

and neither of the others took the least notice of her going, though she looked back once or twice, half hoping that they would call after her: the last time she saw them, they were trying to put the Dormouse into the teapot.

"At any rate I'll never go there again!" said Alice as she picked her way through the wood. "It's the stupidest tea-party I ever was at in all my life!"

Just as she said this, she noticed that one of the trees had a door leading right into it. "That's very curious!" she thought. "But everything's curious today. I think I may as well go in at once." And in she went.

Once more she found herself in the long hall, and close to the little glass table. "Now, I'll manage better this time," she said to herself, and began by taking the little golden key, and unlocking the door that led into the garden. Then she went to work nibbling at the mushroom (she had kept a piece of it in her pocket) till she was about a foot high: then she walked down the little passage: and then—she found herself at last in the beautiful garden, among the bright flower-beds and the cool fountains.

Chapitre 8 : Le Croquet de la Reine

Chapter 8: The Queen's Croquet-Ground

Un grand rosier se trouvait près de l'entrée du jardin : les roses qui y poussaient étaient blanches, mais il y avait trois jardiniers à côté, qui s'affairaient à les peindre en rouge. Alice pensa que c'était une chose très curieuse, et elle s'approcha pour les regarder et, alors qu'elle s'approchait d'eux, elle entendit l'un d'eux dire : « Attention, Cinq ! Ne m'éclaboussez pas ainsi de peinture ! »

A large rose-tree stood near the entrance of the garden: the roses growing on it were white, but there were three gardeners at it, busily painting them red. Alice thought this a very curious thing, and she went nearer to watch them, and just as she came up to them she heard one of them say, "Look out now, Five! Don't go splashing paint over me like that!"

« Ce n'est pas ma faute, » dit Cinq, d'un ton boudeur ; « Sept a poussé mon coude. »

"I couldn't help it," said Five, in a sulky tone; "Seven jogged my elbow."

Sept leva les yeux et dit : « C'est ça,

On which Seven looked up and said,

96

Cinq ! Blâmez toujours les autres ! »

« Vous feriez mieux de vous taire ! » dit Cinq. « J'ai entendu la Reine dire hier encore que vous méritiez d'être décapité ! »

« Pourquoi ? » dit celui qui avait parlé le premier.

« Ce ne sont pas vos affaires, Deux ! » dit Sept.

« Si, ce sont ses affaires ! » dit Cinq, « et je vais lui raconter - c'est parce qu'il a apporté des racines de tulipes cuites au lieu des oignons. »

Sept jeta son pinceau et commençait seulement « Eh bien, de toutes les choses injustes... » quand son regard tomba par hasard sur Alice, qui se tenait là à les regarder, et il s'arrêta soudainement : les autres se retournèrent également et s'inclinèrent.

« Pourriez-vous me dire, » dit Alice, un peu timidement, « pourquoi vous peignez ces roses ? »

Cinq et Sept ne dirent rien, mais regardèrent Deux. Deux commença à voix basse : « Pourquoi faisons-nous ça, voyez-vous, mademoiselle, ceci était censé être un rosier rouge, et nous en avons mis un blanc par erreur ; et si la Reine venait à le découvrir, nous devrions tous avoir

"That's right, Five! Always lay the blame on others!"

"You'd better not talk!" said Five. "I heard the Queen say only yesterday you deserved to be beheaded!"

"What for?" said the one who had spoken first.

"That's none of your business, Two!" said Seven.

"Yes, it is his business!" said Five, "and I'll tell him—it was for bringing the cook tulip-roots instead of onions."

Seven flung down his brush, and had just begun "Well, of all the unjust things—" when his eye chanced to fall upon Alice, as she stood watching them, and he checked himself suddenly: the others looked round also, and all of them bowed low.

"Would you tell me," said Alice, a little timidly, "why you are painting those roses?"

Five and Seven said nothing, but looked at Two. Two began in a low voice, "Why the fact is, you see, Miss, this here ought to have been a red rose-tree, and we put a white one in by mistake; and if the Queen was to find it out, we should all have our heads cut off, you know. So you see,

la tête coupée, vous savez. Alors vous voyez mademoiselle, nous faisons de notre mieux, avant qu'elle ne vienne, pour... » À ce moment, Cinq, qui regardait anxieusement à travers le jardin, s'écria « La Reine ! La Reine ! » et les trois jardiniers se jetèrent aussitôt à plat ventre. Il y eut un bruit de pas, et Alice regarda autour d'elle, impatiente de voir la Reine.

En premier vinrent dix soldats portant des clubs ; ceux-ci avaient tous la forme des trois jardiniers, longs et plats, les mains et les pieds aux coins : ensuite les dix courtisans ; ceux-ci étaient tout ornés de diamants et marchaient deux par deux, comme les soldats. À leur suite vinrent les enfants royaux ; ils étaient dix, et les petits chéris sautillaient joyeusement main dans la main, par paires : ils étaient tous ornés de cœurs. Vinrent ensuite les invités, principalement des rois et des reines, et parmi eux Alice reconnut le Lapin Blanc : il parlait de manière précipitée et nerveuse, souriant à tout ce qui était dit, et passa sans la remarquer. Puis suivit le Valet de Cœur, portant la couronne du Roi sur un coussin de velours cramoisi ; et, en derniers de cette grandiose procession, vinrent LE ROI ET LA REINE DE CŒUR.

Alice se demanda si elle ne devait pas se coucher sur le ventre comme les trois jardiniers, mais elle ne se souvenait pas avoir jamais entendu parler d'une telle règle lors des

Miss, we're doing our best, afore she comes, to—" At this moment Five, who had been anxiously looking across the garden, called out "The Queen! The Queen!" and the three gardeners instantly threw themselves flat upon their faces. There was a sound of many footsteps, and Alice looked round, eager to see the Queen.

First came ten soldiers carrying clubs; these were all shaped like the three gardeners, oblong and flat, with their hands and feet at the corners: next the ten courtiers; these were ornamented all over with diamonds, and walked two and two, as the soldiers did. After these came the royal children; there were ten of them, and the little dears came jumping merrily along hand in hand, in couples: they were all ornamented with hearts. Next came the guests, mostly Kings and Queens, and among them Alice recognised the White Rabbit: it was talking in a hurried nervous manner, smiling at everything that was said, and went by without noticing her. Then followed the Knave of Hearts, carrying the King's crown on a crimson velvet cushion; and, last of all this grand procession, came THE KING AND QUEEN OF HEARTS.

Alice was rather doubtful whether she ought not to lie down on her face like the three gardeners, but she could not remember ever having heard of such a rule at processions;

processions ; « et d'ailleurs, à quoi servirait une procession, » pensa-t-elle, « si les gens devaient tous se coucher sur le ventre, ne pouvant ainsi rien voir ? » Elle resta donc là où elle était et attendit.

Quand le cortège arriva en face d'Alice, tous s'arrêtèrent et la regardèrent, et la Reine dit sévèrement « Qui est-ce ? » Elle dit ceci au Valet de Cœur, qui s'inclina seulement et sourit en réponse.

« Idiot ! » dit la Reine en secouant la tête avec impatience ; et, se tournant vers Alice, elle continua, « Comment t'appelles-tu, mon enfant ? »

« Je m'appelle Alice, c'est un plaisir Votre Majesté, » dit Alice très poliment ; mais elle ajouta pour elle-même : « Eh bien, ce n'est qu'un jeu de cartes, après tout. Je n'ai pas besoin d'en avoir peur ! »

« Et qui sont-ils ? » dit la Reine en désignant les trois jardiniers qui gisaient autour du rosier ; car, vous voyez, comme ils étaient couchés sur le ventre, et que le motif sur leur dos était le même que le reste du paquet, elle ne pouvait pas dire s'ils étaient jardiniers, ou soldats, ou courtisans, ou trois de ses propres enfants.

« Comment pourrais-je le savoir ? » dit Alice, surprise de son propre courage. « Ce ne sont pas mes affaires. »

"and besides, what would be the use of a procession," thought she, "if people had all to lie down upon their faces, so that they couldn't see it?" So she stood still where she was, and waited.

When the procession came opposite to Alice, they all stopped and looked at her, and the Queen said severely "Who is this?" She said it to the Knave of Hearts, who only bowed and smiled in reply.

"Idiot!" said the Queen, tossing her head impatiently ; and, turning to Alice, she went on, "What's your name, child?"

"My name is Alice, so please your Majesty," said Alice very politely ; but she added, to herself, "Why, they're only a pack of cards, after all. I needn't be afraid of them!"

"And who are these?" said the Queen, pointing to the three gardeners who were lying round the rose-tree ; for, you see, as they were lying on their faces, and the pattern on their backs was the same as the rest of the pack, she could not tell whether they were gardeners, or soldiers, or courtiers, or three of her own children.

"How should I know?" said Alice, surprised at her own courage. "It's no business of mine."

La Reine devint cramoisie de fureur, et, après l'avoir regardée un instant comme une bête sauvage, cria : « Qu'on lui coupe la tête ! »

« C'est absurde ! » dit Alice, très fort et résolument, et la Reine se tut.

Le Roi lui posa la main sur le bras et lui dit timidement : « Considérez, ma chère : ce n'est qu'une enfant ! »

La Reine se détourna de lui avec colère et dit au Valet : « Retourne-les ! »

Le Valet le fit très soigneusement avec un pied.

The Queen turned crimson with fury, and, after glaring at her for a moment like a wild beast, screamed "Off with her head! Off—"

"Nonsense!" said Alice, very loudly and decidedly, and the Queen was silent.

The King laid his hand upon her arm, and timidly said "Consider, my dear: she is only a child!"

The Queen turned angrily away from him, and said to the Knave "Turn them over!"

The Knave did so, very carefully, with one foot.

« Debout ! » dit la Reine d'une voix aiguë et forte, et les trois jardiniers se levèrent aussitôt et se mirent à s'incliner devant le Roi, la Reine, les enfants royaux et tout le monde.

« Cessez ! » hurla la Reine. « Vous me donnez le vertige. » Et puis, se tournant vers le rosier, elle continua : « Qu'avez-vous fait là ? »

« Que cela plaise à Votre Majesté, » dit Deux, d'un ton très humble, se mettant à genoux en parlant, « nous essayions... »

« Je vois ! » dit la Reine qui, pendant ce temps, examinait les roses. « Qu'on leur coupe la tête ! » et la procession se poursuivit, laissant derrière elle trois soldats pour exécuter les malheureux jardiniers, qui coururent vers Alice pour demander protection.

« Vous ne serez pas décapités ! » dit Alice, et elle les mit dans un grand pot de fleurs qui se trouvait tout près. Les trois soldats errèrent pendant une minute ou deux à leur recherche, puis rejoignirent tranquillement les autres.

« Leurs têtes sont-elles coupées ? » cria la Reine.

« Leurs têtes sont coupées, s'il plaît à Votre Majesté ! » crièrent les soldats en réponse.

"Get up!" said the Queen, in a shrill, loud voice, and the three gardeners instantly jumped up, and began bowing to the King, the Queen, the royal children, and everybody else.

"Leave off that!" screamed the Queen. "You make me giddy." And then, turning to the rose-tree, she went on, "What have you been doing here?"

"May it please your Majesty," said Two, in a very humble tone, going down on one knee as he spoke, "we were trying—"

"I see!" said the Queen, who had meanwhile been examining the roses. "Off with their heads!" and the procession moved on, three of the soldiers remaining behind to execute the unfortunate gardeners, who ran to Alice for protection.

"You shan't be beheaded!" said Alice, and she put them into a large flower-pot that stood near. The three soldiers wandered about for a minute or two, looking for them, and then quietly marched off after the others.

"Are their heads off?" shouted the Queen.

"Their heads are gone, if it please your Majesty!" the soldiers shouted in reply.

« C'est parfait ! » cria la Reine. « Sais-tu jouer au croquet ? »

Les soldats se turent et regardèrent Alice, car la question lui était manifestement destinée.

« Oui ! » cria Alice.

« Alors, viens ! » rugit la Reine, et Alice rejoignit la procession, se demandant vraiment ce qui allait se passer ensuite.

« C'est... c'est une très belle journée ! » dit une voix timide à ses côtés. Elle marchait à côté du Lapin Blanc, qui épiait son visage avec anxiété.

« Très, » dit Alice: « - où est la Duchesse ? »

« Chut ! Chut ! » dit le Lapin d'une voix basse et pressée. Il regardait avec anxiété par-dessus son épaule tout en parlant, puis se leva sur la pointe des pieds, approcha sa bouche se son oreille et chuchota « Elle est sous le coup d'une condamnation à mort. »

« Pour quelle raison ? » dit Alice.

« Avez-vous dit "Quel dommage !" ? » demanda le Lapin.

« Non, ce n'est pas ce que j'ai dit, » déclara Alice : « Je ne pense pas du tout que ce soit dommage. J'ai dit "Pour quelle raison ?" »

"That's right!" shouted the Queen. "Can you play croquet?"

The soldiers were silent, and looked at Alice, as the question was evidently meant for her.

"Yes!" shouted Alice.

"Come on, then!" roared the Queen, and Alice joined the procession, wondering very much what would happen next.

"It's—it's a very fine day!" said a timid voice at her side. She was walking by the White Rabbit, who was peeping anxiously into her face.

"Very," said Alice: "—where's the Duchess?"

"Hush! Hush!" said the Rabbit in a low, hurried tone. He looked anxiously over his shoulder as he spoke, and then raised himself upon tiptoe, put his mouth close to her ear, and whispered "She's under sentence of execution."

"What for?" said Alice.

"Did you say 'What a pity!'?" the Rabbit asked.

"No, I didn't," said Alice: "I don't think it's at all a pity. I said 'What for?'"

« Elle a boxé les oreilles de la Reine... » commença le Lapin. Alice poussa un petit éclat de rire. « Oh, chut ! » murmura le Lapin d'un ton effrayé. « La Reine va t'entendre ! Tu vois, elle est arrivée plutôt en retard, et la Reine a dit... »

« Mettez-vous en place ! » cria la Reine d'une voix tonitruante, et les gens se mirent à courir dans tous les sens, se heurtant les uns aux autres ; cependant, ils s'installèrent en une minute ou deux, et le jeu commença. Alice pensa qu'elle n'avait jamais vu de terrain de croquet aussi curieux de sa vie ; il était tout en bosses et en creux ; les balles étaient des hérissons vivants, les maillets étaient des flamants roses vivants, et les soldats

"She boxed the Queen's ears—" the Rabbit began. Alice gave a little scream of laughter. "Oh, hush!" the Rabbit whispered in a frightened tone. "The Queen will hear you! You see, she came rather late, and the Queen said—"

"Get to your places!" shouted the Queen in a voice of thunder, and people began running about in all directions, tumbling up against each other; however, they got settled down in a minute or two, and the game began. Alice thought she had never seen such a curious croquet-ground in her life; it was all ridges and furrows; the balls were live hedgehogs, the mallets live flamingoes, and the soldiers had to

103

devaient se plier en deux et se tenir sur les mains et les pieds pour former les arceaux.

La principale difficulté qu'Alice rencontra au début fut de maîtriser son flamant rose : elle réussit à placer son corps assez confortablement sous son bras, avec ses jambes pendantes mais, alors qu'elle était parvenue à redresser son cou correctement, et alors qu'elle s'apprêtait à frapper le hérisson de sa tête, il se mit à se contorsionner et leva les yeux vers son visage, avec une expression si perplexe qu'elle ne put s'empêcher d'éclater de rire : et, quand elle rabaissa sa tête, s'apprêtant à recommencer, et elle constata avec dépit que le hérisson s'était déroulé et se défilait en rampant : de surcroît, il se trouvait systématiquement une bosse ou un trou sur le chemin où elle voulait envoyer le hérisson et, comme les soldats pliés en deux se levaient constamment et se dirigeaient vers d'autres parties du terrain, Alice en vint bientôt à la conclusion que le jeu était en fait très difficile.

Les joueurs jouèrent tous en même temps sans attendre leur tour, se disputant tout le temps et se battant pour avoir les hérissons ; et en très peu de temps la Reine se mit dans une furieuse colère, et commença à trépigner en criant : « Qu'on lui coupe la tête ! Qu'on lui coupe la tête ! » environ une fois par minute.

double themselves up and to stand on their hands and feet, to make the arches.

The chief difficulty Alice found at first was in managing her flamingo: she succeeded in getting its body tucked away, comfortably enough, under her arm, with its legs hanging down, but generally, just as she had got its neck nicely straightened out, and was going to give the hedgehog a blow with its head, it would twist itself round and look up in her face, with such a puzzled expression that she could not help bursting out laughing: and when she had got its head down, and was going to begin again, it was very provoking to find that the hedgehog had unrolled itself, and was in the act of crawling away: besides all this, there was generally a ridge or furrow in the way wherever she wanted to send the hedgehog to, and, as the doubled-up soldiers were always getting up and walking off to other parts of the ground, Alice soon came to the conclusion that it was a very difficult game indeed.

The players all played at once without waiting for turns, quarrelling all the while, and fighting for the hedgehogs; and in a very short time the Queen was in a furious passion, and went stamping about, and shouting "Off with his head!" or "Off with her head!" about once in a minute.

Alice commença à se sentir très mal à l'aise : certes, elle n'avait pas encore eu de différend avec la Reine, mais elle savait que cela pouvait arriver d'une minute à l'autre, « et alors, pensa-t-elle, que deviendrais-je ? Ils aiment terriblement décapiter les gens ici ; ce qui est extraordinaire, c'est qu'il en reste encore en vie ! »

Elle cherchait un moyen de s'échapper, et se demandait si elle pouvait s'enfuir sans être vue, lorsqu'elle remarqua une apparition curieuse dans l'air : cela l'intrigua beaucoup au début, mais, après l'avoir observée pendant une minute ou deux, la figure lui fit un sourire, et elle se dit à elle-même : « C'est le Chat du Cheshire : maintenant je devrais avoir quelqu'un à qui parler. »

« Comment vas-tu ? » dit le Chat dès qu'il eut assez de bouche pour lui parler.

Alice attendit que les yeux apparaissent, puis acquiesça. « Il ne sert à rien de lui parler, » pensa-t-elle, « tant que ses oreilles ne sont pas venues, ou au moins l'une d'elles. » Au bout d'une minute, la tête entière apparut, puis Alice posa son flamant rose et commença un résumé du jeu, se réjouissant d'avoir quelqu'un pour l'écouter. Estimant qu'on en voyait assez, le Chat décida de ne pas montrer le reste de son corps.

« Je ne pense pas qu'ils jouent

Alice began to feel very uneasy: to be sure, she had not as yet had any dispute with the Queen, but she knew that it might happen any minute, "and then," thought she, "what would become of me? They're dreadfully fond of beheading people here; the great wonder is, that there's any one left alive!"

She was looking about for some way of escape, and wondering whether she could get away without being seen, when she noticed a curious appearance in the air: it puzzled her very much at first, but, after watching it a minute or two, she made it out to be a grin, and she said to herself "It's the Cheshire Cat: now I shall have somebody to talk to."

"How are you getting on?" said the Cat, as soon as there was mouth enough for it to speak with.

Alice waited till the eyes appeared, and then nodded. "It's no use speaking to it," she thought, "till its ears have come, or at least one of them." In another minute the whole head appeared, and then Alice put down her flamingo, and began an account of the game, feeling very glad she had someone to listen to her. The Cat seemed to think that there was enough of it now in sight, and no more of it appeared.

"I don't think they play at all fairly,"

équitablement du tout, » commença Alice, sur un ton plutôt plaintif, « et ils se disputent tous si terriblement qu'on ne s'entend pas parler - et il semble qu'il n'y ait pas vraiment de règles du jeu ; du moins, s'il y en a, personne ne s'en préoccupe - et vous n'avez aucune idée à quel point il est déroutant que toutes les choses soient vivantes ; par exemple, l'arceau que je devais atteindre s'est mis à marcher vers l'autre bout du terrain - et je devais frapper le hérisson de la Reine à l'instant, mais il s'est enfui quand il a vu le mien arriver ! »

« Tu aimes la Reine ? » dit le Chat à voix basse.

« Pas du tout, » dit Alice : « elle est extrêmement... » À ce moment-là, elle remarqua que la Reine se trouvait juste derrière elle, écoutant : alors elle continua, « ... en bonne voie pour gagner, que cela ne vaut guère la peine de terminer le match. »

La Reine sourit et passa.

« À qui parles-tu ? » dit le Roi, se dirigeant vers Alice et regardant la tête du Chat avec une grande curiosité.

« C'est un ami à moi - un Chat du Cheshire, » dit Alice : « permettez-moi de vous le présenter. »

« Je n'aime pas du tout son apparence, » déclara le Roi :

Alice began, in rather a complaining tone, "and they all quarrel so dreadfully one can't hear oneself speak—and they don't seem to have any rules in particular; at least, if there are, nobody attends to them—and you've no idea how confusing it is all the things being alive; for instance, there's the arch I've got to go through next walking about at the other end of the ground—and I should have croqueted the Queen's hedgehog just now, only it ran away when it saw mine coming!"

"How do you like the Queen?" said the Cat in a low voice.

"Not at all," said Alice: "she's so extremely—" Just then she noticed that the Queen was close behind her, listening: so she went on, "—likely to win, that it's hardly worth while finishing the game."

The Queen smiled and passed on.

"Who are you talking to?" said the King, going up to Alice, and looking at the Cat's head with great curiosity.

"It's a friend of mine—a Cheshire Cat," said Alice: "allow me to introduce it."

"I don't like the look of it at all," said the King: "however, it may kiss my

« cependant, il peut me baiser la main s'il le souhaite. »

« Je ne préfère pas, » fit remarquer le Chat.

« Ne sois pas impertinent, » dit le Roi, « et ne me regarde pas comme ça ! » Il se plaça derrière Alice pendant qu'il parlait.

« Un chat peut regarder un Roi, » dit Alice. « J'ai lu cela dans un livre, mais je ne me souviens pas où. »

« Eh bien, il faut le retirer d'ici, » dit le Roi très résolument, et il appela la Reine, qui passait à ce moment, « Ma Chère ! Je souhaite que vous fassiez enlever ce chat! »

La Reine n'avait qu'un seul moyen de régler tous les problèmes, grands ou petits. « Qu'on lui coupe la tête ! » dit-elle sans même regarder autour d'elle.

« Je vais chercher le bourreau moi-même, » dit le Roi avec empressement, et il partit précipitamment.

Alice pensa qu'elle ferait aussi bien de revenir en arrière et de voir comment le jeu se déroulait, alors qu'elle entendait la voix de la Reine au loin, hurlant avec émotion. Elle l'avait déjà entendue condamner trois des joueurs à être exécutés pour avoir manqué leur tour, et elle n'aimait pas du tout la tournure que

hand if it likes."

"I'd rather not," the Cat remarked.

"Don't be impertinent," said the King, "and don't look at me like that!" He got behind Alice as he spoke.

"A cat may look at a king," said Alice. "I've read that in some book, but I don't remember where."

"Well, it must be removed," said the King very decidedly, and he called the Queen, who was passing at the moment, "My dear! I wish you would have this cat removed!"

The Queen had only one way of settling all difficulties, great or small. "Off with his head!" she said, without even looking round.

"I'll fetch the executioner myself," said the King eagerly, and he hurried off.

Alice thought she might as well go back, and see how the game was going on, as she heard the Queen's voice in the distance, screaming with passion. She had already heard her sentence three of the players to be executed for having missed their turns, and she did not like the look of things at all, as the game was in

prenaient les choses, car le jeu était si confus qu'elle ne savait jamais si c'était son tour ou non. Elle partit donc à la recherche de son hérisson.

Le hérisson était engagé dans une bagarre avec un autre hérisson, ce qui sembla être à Alice une excellente occasion d'en prendre un pour croquer l'autre : la seule difficulté était que son flamant rose était parti de l'autre côté du jardin, où Alice pouvait le voir tenter sans succès de s'envoler dans un arbre.

Au moment où elle attrapa le flamant rose et le ramena, le combat était terminé, et les deux hérissons étaient hors de vue : « mais ça n'a pas beaucoup d'importance, » pensa Alice, « car tous les arceaux ont disparu de ce côté du terrain. » Alors elle rangea le flamant rose sous son bras, pour qu'il ne puisse plus s'échapper, et retourna vers son ami pour converser un peu.

Quand elle revint auprès du Chat du Cheshire, elle fut surprise de trouver une foule assez nombreuse autour de lui : une dispute se jouait entre le bourreau, le Roi et la Reine, qui parlaient tous à la fois, tandis que tous les autres étaient assez silencieux et avaient l'air très mal à l'aise.

Au moment où Alice apparut, elle fut invitée par les trois présents à régler la question, et ils lui répétèrent

such confusion that she never knew whether it was her turn or not. So she went in search of her hedgehog.

The hedgehog was engaged in a fight with another hedgehog, which seemed to Alice an excellent opportunity for croqueting one of them with the other: the only difficulty was, that her flamingo was gone across to the other side of the garden, where Alice could see it trying in a helpless sort of way to fly up into a tree.

By the time she had caught the flamingo and brought it back, the fight was over, and both the hedgehogs were out of sight: "but it doesn't matter much," thought Alice, "as all the arches are gone from this side of the ground." So she tucked it away under her arm, that it might not escape again, and went back for a little more conversation with her friend.

When she got back to the Cheshire Cat, she was surprised to find quite a large crowd collected round it: there was a dispute going on between the executioner, the King, and the Queen, who were all talking at once, while all the rest were quite silent, and looked very uncomfortable.

The moment Alice appeared, she was appealed to by all three to settle the question, and they repeated their

leurs arguments, cependant, comme ils parlaient tous en même temps, elle eut en fait beaucoup de mal à comprendre exactement ce qu'ils disaient.

L'argument du bourreau était que vous ne pouviez pas couper une tête à moins qu'il n'y ait un corps pour la couper : qu'il n'avait jamais eu à faire une telle chose auparavant, et qu'il n'allait pas commencer à ce stade de sa vie.

L'argument du Roi était que tout ce qui avait une tête pouvait être décapité et qu'il s'agissait d'un non-sens.

L'argument de la Reine était que si

arguments to her, though, as they all spoke at once, she found it very hard indeed to make out exactly what they said.

The executioner's argument was, that you couldn't cut off a head unless there was a body to cut it off from: that he had never had to do such a thing before, and he wasn't going to begin at his time of life.

The King's argument was, that anything that had a head could be beheaded, and that you weren't to talk nonsense.

The Queen's argument was, that if

rien n'était fait à ce sujet dans les plus brefs délais, elle ferait exécuter toutes les personnes se trouvant à la ronde. (C'était cette dernière remarque qui avait rendu toute la foule si grave et anxieuse.)

Alice ne pouvait penser à rien d'autre qu'à dire que « Cela dépend de la Duchesse : c'est à elle que vous devriez poser la question. »

« Elle est en prison, » dit la Reine au bourreau : « va la chercher. » Et le bourreau partit comme une flèche.

La tête du Chat commençait à s'estomper au moment où il partit, et, quand il revint avec la Duchesse, il avait complètement disparu ; alors, le Roi et le bourreau se mirent à courir en tous sens à sa recherche, tandis que le reste du groupe s'en retournait au jeu.

something wasn't done about it in less than no time she'd have everybody executed, all round. (It was this last remark that had made the whole party look so grave and anxious.)

Alice could think of nothing else to say but "It belongs to the Duchess: you'd better ask her about it."

"She's in prison," the Queen said to the executioner: "fetch her here." And the executioner went off like an arrow.

The Cat's head began fading away the moment he was gone, and, by the time he had come back with the Duchess, it had entirely disappeared; so the King and the executioner ran wildly up and down looking for it, while the rest of the party went back to the game.

Chapitre 9 : L'histoire de la Fausse-Tortue

« Tu n'imagines pas à quel point je suis heureuse de te revoir, ma vieille amie ! » dit la Duchesse en passant affectueusement son bras sous celui d'Alice, et elles repartirent ensemble.

Alice était ravie de la trouver d'une humeur si plaisante, et se dit que c'était peut-être seulement le poivre qui l'avait rendue si sauvage quand elles s'étaient rencontrées dans la cuisine.

« Quand je serai Duchesse, » se dit-elle, (d'un ton peu optimiste cependant), « je n'aurai pas du tout de poivre dans ma cuisine. La soupe

Chapter 9: The Mock Turtle's Story

"You can't think how glad I am to see you again, you dear old thing!" said the Duchess, as she tucked her arm affectionately into Alice's, and they walked off together.

Alice was very glad to find her in such a pleasant temper, and thought to herself that perhaps it was only the pepper that had made her so savage when they met in the kitchen.

"When I'm a Duchess," she said to herself, (not in a very hopeful tone though), "I won't have any pepper in my kitchen at all. Soup does very well

se porte très bien sans... Peut-être que c'est toujours le poivre qui rend les gens colériques, » continua-t-elle, très heureuse d'avoir découvert une nouvelle règle. « Et le vinaigre qui les rend aigres - et la camomille qui les rend amers - et - et le sucre d'orge et autres choses qui donnent aux enfants un caractère doux. Je souhaite seulement que les gens le sachent : alors ils ne seraient pas si radins à ce sujet, vous savez... »

Elle avait complètement oublié la Duchesse à ce moment-là, et fut un peu surprise lorsqu'elle entendit sa voix près de son oreille. « Tu penses à quelque chose, très chère, et tu en oublies de parler. Je ne peux pas te dire pour le moment quelle en est la morale, mais je m'en souviendrai un peu plus tard. »

« Peut-être n'y en a t'il pas, » osa remarquer Alice.

« Tut, tut, mon enfant ! » dit la Duchesse. « Tout a une morale, si seulement tu peux la trouver. » Et elle se serra plus contre Alice tout en lui parlant.

Alice n'aimait pas beaucoup rester si près d'elle : premièrement, parce que la Duchesse était très laide ; et deuxièmement, parce qu'elle avait exactement la bonne hauteur pour poser son menton sur l'épaule d'Alice, et que c'était un menton très pointu. Cependant, elle n'aimait pas se

without—Maybe it's always pepper that makes people hot-tempered," she went on, very much pleased at having found out a new kind of rule, "and vinegar that makes them sour—and camomile that makes them bitter—and—and barley-sugar and such things that make children sweet-tempered. I only wish people knew that: then they wouldn't be so stingy about it, you know—"

She had quite forgotten the Duchess by this time, and was a little startled when she heard her voice close to her ear. "You're thinking about something, my dear, and that makes you forget to talk. I can't tell you just now what the moral of that is, but I shall remember it in a bit."

"Perhaps it hasn't one," Alice ventured to remark.

"Tut, tut, child!" said the Duchess. "Everything's got a moral, if only you can find it." And she squeezed herself up closer to Alice's side as she spoke.

Alice did not much like keeping so close to her: first, because the Duchess was very ugly; and secondly, because she was exactly the right height to rest her chin upon Alice's shoulder, and it was an uncomfortably sharp chin. However, she did not like to be rude, so she bore it as well as she

montrer impolie, et elle le supporta donc autant qu'elle le pouvait.

« Le jeu se passe plutôt mieux maintenant, » a-t-elle dit, pour maintenir un peu la conversation.

« C'est ainsi, » a déclaré la Duchesse : « et la morale de cela est : "Oh, c'est l'amour, c'est l'amour qui fait tourner le monde !" »

« Quelqu'un a dit, » chuchota Alice, « que le monde va mieux lorsque chacun s'occupe de ses affaires ! »

« Ah bien! Cela signifie à peu près la même chose, » déclara la Duchesse, enfonçant son petit menton pointu dans l'épaule d'Alice en ajoutant, « et la morale de cela est : "Prends soin du sens, et les sons prendront soin d'eux-mêmes." »

« Qu'est-ce qu'elle aime trouver une morale pour chaque chose ! » se dit Alice.

« Je me permets de remarquer que tu te demandes pourquoi je ne passe pas mon bras autour de ta taille, » dit la Duchesse après une pause : « La raison est que je me méfie du tempérament de ton flamant rose. Devrais-je tenter l'expérience ? »

« Il pourrait mordre, » répondit prudemment Alice, ne se sentant pas du tout de tenter ladite expérience.

could.

"The game's going on rather better now," she said, by way of keeping up the conversation a little.

"'Tis so," said the Duchess: "and the moral of that is—'Oh, 'tis love, 'tis love, that makes the world go round!'"

"Somebody said," Alice whispered, "that it's done by everybody minding their own business!"

"Ah, well! It means much the same thing," said the Duchess, digging her sharp little chin into Alice's shoulder as she added, "and the moral of that is—'Take care of the sense, and the sounds will take care of themselves.'"

"How fond she is of finding morals in things!" Alice thought to herself.

"I dare say you're wondering why I don't put my arm round your waist," the Duchess said after a pause: "the reason is, that I'm doubtful about the temper of your flamingo. Shall I try the experiment?"

"He might bite," Alice cautiously replied, not feeling at all anxious to have the experiment tried.

« Il est vrai, » dit la Duchesse : « les flamants roses et la moutarde mordent tous les deux. Et la morale de cela est : "Qui se ressemble, s'assemble." »

« Seulement, la moutarde n'est pas un oiseau, » remarqua Alice.

« Tu as raison, comme toujours, » dit la Duchesse : « avec quelle clarté tu présentes les choses ! »

« C'est un minéral, je pense, » dit Alice.

« Bien sûr que oui, » dit la Duchesse, qui semblait prête à accepter tout ce qu'Alice disait ; « il y a une grosse mine de moutarde près d'ici. Et la morale de cela est : "Il ne faut pas juger par leur mine." »

« Oh, je sais ! » s'exclama Alice, qui n'avait pas prêté attention à cette dernière remarque, « c'est un légume. Ça n'y ressemble pas, mais c'en est un. »

« Je suis tout à fait d'accord avec toi, » dit la Duchesse ; « et la morale de cela est "Soyez ce que vous sembleriez être" ou si vous voulez que cela soit plus simple "Ne vous imaginez jamais être autrement que ce qu'il pourrait sembler aux autres que ce que vous étiez ou pourriez avoir été n'était pas autrement que ce que vous aviez été ne leur aurait paru autrement." »

"Very true," said the Duchess: "flamingoes and mustard both bite. And the moral of that is—'Birds of a feather flock together.'"

"Only mustard isn't a bird," Alice remarked.

"Right, as usual," said the Duchess: "what a clear way you have of putting things!"

"It's a mineral, I think," said Alice.

"Of course it is," said the Duchess, who seemed ready to agree to everything that Alice said; "there's a large mustard-mine near here. And the moral of that is—'The more there is of mine, the less there is of yours.'"

"Oh, I know!" exclaimed Alice, who had not attended to this last remark, "it's a vegetable. It doesn't look like one, but it is."

"I quite agree with you," said the Duchess; "and the moral of that is—'Be what you would seem to be'—or if you'd like it put more simply—'Never imagine yourself not to be otherwise than what it might appear to others that what you were or might have been was not otherwise than what you had been would have appeared to them to be otherwise.'"

« Je pense que je comprendrais mieux cela, » dit très poliment Alice, « si je l'avais écrit : mais je ne peux pas tout à fait le suivre comme vous le dîtes. »

« Ce n'est rien comparé à ce que je pourrais dire si je le voulais, » répondit la Duchesse d'un ton satisfait.

« Je vous en prie, il n'est pas nécessaire d'en dire plus, » dit Alice.

« Oh, ça ne me dérange pas ! » dit la Duchesse. « Je te fais cadeau de tout ce que j'ai dit jusqu'à présent. »

« Voilà un cadeau bon marché ! » pensa Alice. « Je suis heureuse qu'on n'offre pas de tels cadeaux d'anniversaire ! » Mais elle n'osa pas le dire à haute voix.

« Tu es encore pensive ? » demanda la Duchesse, en enfonçant davantage son petit menton pointu.

« J'ai le droit d'être pensive, » dit Alice sèchement, car elle commençait à se sentir un peu inquiète.

« À peu près autant, » dit la Duchesse, « que les cochons ont le droit de voler ; et la mo- »

Mais là, à la grande surprise d'Alice, la voix de la Duchesse s'éteignit, en plein milieu de son mot préféré, « morale, » et le bras qui était lié au sien se mit à trembler. Alice leva

"I think I should understand that better," Alice said very politely, "if I had it written down: but I can't quite follow it as you say it."

"That's nothing to what I could say if I chose," the Duchess replied, in a pleased tone.

"Pray don't trouble yourself to say it any longer than that," said Alice.

"Oh, don't talk about trouble!" said the Duchess. "I make you a present of everything I've said as yet."

"A cheap sort of present!" thought Alice. "I'm glad they don't give birthday presents like that!" But she did not venture to say it out loud.

"Thinking again?" the Duchess asked, with another dig of her sharp little chin.

"I've a right to think," said Alice sharply, for she was beginning to feel a little worried.

"Just about as much right," said the Duchess, "as pigs have to fly; and the m—"

But here, to Alice's great surprise, the Duchess's voice died away, even in the middle of her favourite word 'moral,' and the arm that was linked into hers began to tremble. Alice looked

les yeux et vit que la Reine se tenait devant elles, les bras croisés, fronçant les sourcils comme un orage.

« C'est une belle journée, Votre Majesté ! » commença la Duchesse d'une voix basse et faible.

« Maintenant, je vais vous donner un bon avertissement, » cria la Reine en frappant le sol tout en parlant ; « vous feriez mieux de partir, sans quoi je vous coupe la tête, et cela en un rien de temps ! Faites votre choix ! »

La Duchesse fit son choix et disparut en un instant.

« Poursuivons le jeu, » dit la Reine à Alice. Et Alice était trop apeurée pour oser dire un mot, mais la suivit lentement vers le terrain de croquet.

Les autres invités avaient profité de l'absence de la Reine et se reposaient à l'ombre : cependant, au moment où ils la virent, ils se précipitèrent vers le jeu, la Reine se contentant de faire remarquer qu'un instant de retard leur coûterait la vie.

Pendant tout le temps du jeu, la Reine ne cessait jamais de se quereller avec les autres joueurs et de crier « Qu'on lui coupe la tête ! Qu'on lui coupe la tête ! » Ceux qu'elle condamnait étaient placés en garde à vue par les soldats, qui devaient bien sûr renoncer à leur rôle d'arceau pour

up, and there stood the Queen in front of them, with her arms folded, frowning like a thunderstorm.

"A fine day, your Majesty!" the Duchess began in a low, weak voice.

"Now, I give you fair warning," shouted the Queen, stamping on the ground as she spoke; "either you or your head must be off, and that in about half no time! Take your choice!"

The Duchess took her choice, and was gone in a moment.

"Let's go on with the game," the Queen said to Alice; and Alice was too much frightened to say a word, but slowly followed her back to the croquet-ground.

The other guests had taken advantage of the Queen's absence, and were resting in the shade: however, the moment they saw her, they hurried back to the game, the Queen merely remarking that a moment's delay would cost them their lives.

All the time they were playing the Queen never left off quarrelling with the other players, and shouting "Off with his head!" or "Off with her head!" Those whom she sentenced were taken into custody by the soldiers, who of course had to leave off being arches to do this, so that

ce faire, de sorte qu'au bout d'une demi-heure environ, il ne restait plus d' arceaux, et tous les joueurs, sauf le Roi, la Reine et Alice, étaient en détention et sous peine d'exécution.

Puis la Reine s'arrêta, essoufflée, et dit à Alice : « As-tu déjà vu la Fausse-Tortue ? »

« Non, » dit Alice. « Je ne sais même pas ce qu'est une Fausse-Tortue. »

« C'est la chose avec laquelle la soupe de Fausse-Tortue est réalisée, » déclara la Reine.

« Je n'en ai jamais vu, ni entendu parler, » dit Alice.

by the end of half an hour or so there were no arches left, and all the players, except the King, the Queen, and Alice, were in custody and under sentence of execution.

Then the Queen left off, quite out of breath, and said to Alice, "Have you seen the Mock Turtle yet?"

"No," said Alice. "I don't even know what a Mock Turtle is."

"It's the thing Mock Turtle Soup is made from," said the Queen.

"I never saw one, or heard of one," said Alice.

« Alors, viens, » dit la Reine, « et elle te racontera son histoire. »

Alors qu'elles partaient ensemble, Alice entendit le Roi dire à voix basse, à toute la compagnie : « Vous êtes tous pardonnés. » « Bien, c'est une bonne chose ! » se dit-elle, car elle s'était sentie assez malheureuse du nombre d'exécutions que la Reine avait ordonnées.

Ils tombèrent très vite sur un Griffon, profondément endormi au soleil. (Si vous ne savez pas ce qu'est un Griffon, regardez l'illustration.) « Debout, paresseux ! » dit la Reine, « et emmenez cette jeune fille voir la Fausse-Tortue pour entendre son histoire. Je dois retourner assister aux exécutions que j'ai ordonnées ; » et elle s'éloigna, laissant Alice seule avec le Griffon. L'apparence de la créature ne plaisait pas vraiment à Alice, mais après tout, elle se disait qu'il était tout aussi sûr de rester avec elle que de suivre cette Reine barbare : elle attendit donc.

Le Griffon s'assit et se frotta les yeux : puis il observa la Reine jusqu'à ce qu'elle soit hors de vue : puis il gloussa. « Comme c'est drôle ! » dit le Griffon, autant pour lui-même que pour Alice.

« Qu'est-ce qui est drôle ? » dit Alice.

« Eh bien, elle, » dit le Griffon. « Tout ceci n'est que fantaisie : ils n'exécutent

"Come on, then," said the Queen, "and he shall tell you his history,"

As they walked off together, Alice heard the King say in a low voice, to the company generally, "You are all pardoned." "Come, that's a good thing !" she said to herself, for she had felt quite unhappy at the number of executions the Queen had ordered.

They very soon came upon a Gryphon, lying fast asleep in the sun. (If you don't know what a Gryphon is, look at the picture.) "Up, lazy thing !" said the Queen, "and take this young lady to see the Mock Turtle, and to hear his history. I must go back and see after some executions I have ordered ;" and she walked off, leaving Alice alone with the Gryphon. Alice did not quite like the look of the creature, but on the whole she thought it would be quite as safe to stay with it as to go after that savage Queen : so she waited.

The Gryphon sat up and rubbed its eyes: then it watched the Queen till she was out of sight: then it chuckled. "What fun !" said the Gryphon, half to itself, half to Alice.

"What is the fun ?" said Alice.

"Why, she," said the Gryphon. "It's all her fancy, that: they never executes

jamais personne, tu sais. Allons ! »

« Tout le monde dit "allons !" ici, » pensa Alice, en poursuivant lentement : « je n'ai jamais reçu autant d'ordres de toute ma vie, jamais ! »

Ils n'eurent pas à aller bien loin avant d'apercevoir la Fausse-Tortue, assise, triste et solitaire sur un petit rebord de pierre, et, à mesure qu'ils se rapprochaient, Alice pouvait l'entendre soupirer comme si son cœur se brisait. Elle la plaignait profondément. « Quel est son chagrin ? » demanda-t-elle au Griffon, et le Griffon répondit à peu près dans les mêmes mots qu'auparavant, « ce n'est que de la fantaisie : elle n'a pas de chagrin, tu sais. Allons ! »

Alors ils se dirigèrent vers la Fausse-Tortue, qui les regarda avec de grands yeux pleins de larmes, mais sans rien dire.

« Cette jeune femme-ci, » dit le Griffon, « veut connaître votre histoire, oh que oui. »

« Je vais la lui raconter », dit la Fausse-Tortue d'un ton profond et creux : « asseyez-vous tous les deux et ne dites pas un mot avant que j'aie fini. »

Alors ils s'assirent et personne ne parla pendant quelques minutes. Alice se dit : « Je ne vois pas comment elle pourrait finir, si elle ne

nobody, you know. Come on!"

"Everybody says 'come on!' here," thought Alice, as she went slowly after it: "I never was so ordered about in all my life, never!"

They had not gone far before they saw the Mock Turtle in the distance, sitting sad and lonely on a little ledge of rock, and, as they came nearer, Alice could hear him sighing as if his heart would break. She pitied him deeply. "What is his sorrow?" she asked the Gryphon, and the Gryphon answered, very nearly in the same words as before, "It's all his fancy, that: he hasn't got no sorrow, you know. Come on!"

So they went up to the Mock Turtle, who looked at them with large eyes full of tears, but said nothing.

"This here young lady," said the Gryphon, "she wants for to know your history, she do."

"I'll tell it her," said the Mock Turtle in a deep, hollow tone: "sit down, both of you, and don't speak a word till I've finished."

So they sat down, and nobody spoke for some minutes. Alice thought to herself, "I don't see how he can ever finish, if he doesn't begin." But she

commence pas. » Mais elle attendit patiemment.

« Il fut un temps, » dit enfin la Fausse-Tortue dans un profond soupir, « j'étais une vraie tortue. »

Ces mots furent suivis d'un très long silence, interrompu seulement par une exclamation occasionnelle de « Hjckrrh ! » du Griffon, et les sanglots lourds et constants de la Fausse-Tortue. Alice était sur le point de se lever et de dire : « Merci madame, pour votre histoire intéressante, » mais elle ne pouvait s'empêcher de penser qu'il devait y en avoir plus à venir, alors elle resta immobile et ne dit rien.

"Once," said the Mock Turtle at last, with a deep sigh, "I was a real Turtle."

These words were followed by a very long silence, broken only by an occasional exclamation of "Hjckrrh!" from the Gryphon, and the constant heavy sobbing of the Mock Turtle. Alice was very nearly getting up and saying, "Thank you, sir, for your interesting story," but she could not help thinking there must be more to come, so she sat still and said nothing.

« Quand nous étions petits, continua enfin la Fausse-Tortue, plus calmement, quoique encore un peu sanglotant de temps en temps, nous allions à l'école en mer. Le maître était une vieille tortue - nous l'appelions autrefois Tortoise - »

« Pourquoi l'appeler Tortoise, s'il n'en était pas une ? » demanda Alice.

« Nous l'appelions Tortoise parce qu'il nous l'avait enseigné, » dit la Fausse-Tortue, en colère : « vraiment, tu es ennuyeuse ! »

« Tu devrais avoir honte de poser une question aussi simple, » ajouta le Griffon ; puis ils se turent tous les deux et regardèrent la pauvre Alice, qui se sentait prête à se cacher sous terre. Enfin, le Griffon dit à la Fausse-Tortue : « Continuez, mon vieux ! N'y passons pas toute la journée ! » et il continua en ces mots :

« Oui, nous sommes allés à l'école en mer, même si vous n'y croyez pas — »

« Je n'ai jamais dit ça ! » interrompit Alice.

« Si, tu l'as dit, » dit la Fausse-Tortue.

« Tiens ta langue ! » ajouta le Griffon, avant qu'Alice ne parle à nouveau. La Fausse-Tortue continua.

« Nous avons eu la meilleure éducation — en fait, nous allions à

"When we were little," the Mock Turtle went on at last, more calmly, though still sobbing a little now and then, "we went to school in the sea. The master was an old Turtle—we used to call him Tortoise—"

"Why did you call him Tortoise, if he wasn't one?" Alice asked.

"We called him Tortoise because he taught us," said the Mock Turtle angrily: "really you are very dull!"

"You ought to be ashamed of yourself for asking such a simple question," added the Gryphon; and then they both sat silent and looked at poor Alice, who felt ready to sink into the earth. At last the Gryphon said to the Mock Turtle, "Drive on, old fellow! Don't be all day about it!" and he went on in these words:

"Yes, we went to school in the sea, though you mayn't believe it—"

"I never said I didn't!" interrupted Alice.

"You did," said the Mock Turtle.

"Hold your tongue!" added the Gryphon, before Alice could speak again. The Mock Turtle went on.

"We had the best of educations—in fact, we went to school every day—"

l'école tous les jours— »

« J'allais à l'école chaque jour, moi aussi, » dit Alice ; « il n'y a pas de quoi être si fière. »

"I've been to a day-school, too," said Alice; "you needn't be so proud as all that."

« Avec des en plus ? » demanda un peu anxieusement la Fausse-Tortue.

"With extras?" asked the Mock Turtle a little anxiously.

« Oui, » dit Alice, « nous avons appris le français et la musique. »

"Yes," said Alice, "we learned French and music."

« Et le ménage ? » dit la Fausse-Tortue.

"And washing?" said the Mock Turtle.

« Certainement pas ! » dit Alice avec indignation.

"Certainly not!" said Alice indignantly.

« Ah ! Alors la tienne n'était pas une très bonne école, » déclara la Fausse-Tortue d'une voix soulagée. « Vois-tu, chez nous, il y avait le français, la musique et le ménage en supplément. »

"Ah! then yours wasn't a really good school," said the Mock Turtle in a tone of great relief. "Now at ours they had at the end of the bill, 'French, music, and washing—extra.'"

« Cela ne devait pas être nécessaire, » dit Alice ; « puisque vous vivez au fond de la mer. »

"You couldn't have wanted it much," said Alice; "living at the bottom of the sea."

« Je n'avais pas les moyens de l'apprendre, » dit la Fausse-Tortue dans un soupir. « Je n'ai suivi que les cours normaux. »

"I couldn't afford to learn it," said the Mock Turtle with a sigh. "I only took the regular course."

« De quoi s'agissait-il ? » s'enquit Alice.

"What was that?" inquired Alice.

« À rire et à médire évidemment, pour commencer, » répondit la Fausse-Tortue ; « et puis, les différentes

"Reeling and Writhing, of course, to begin with," the Mock Turtle replied; "and then the different branches of

branches de l'arithmétique - Ambition, Distraction, Laidification et Dérision. »

« Je n'ai jamais entendu parler de "Laidification," » se hasarda Alice. « Qu'est-ce que c'est ? »

Le Griffon leva ses deux pattes avec surprise. « Comment ! Tu n'as jamais entendu parler de laidification ! » s'exclama-t-il. « Tu sais ce que signifie embellir, je suppose ? »

« Oui, » dit Alice d'un air dubitatif : « cela signifie - rendre - quelque chose - plus joli. »

« Eh bien, alors, » continua le Griffon, « si tu ne sais pas ce que veut dire enlaidir, tu es une imbécile. »

Alice ne se sentit pas encouragée à poser d'autres questions à ce sujet, alors elle se tourna vers la Fausse-Tortue et dit : « Que deviez-vous apprendre d'autre ? »

« Eh bien, il y avait aussi le Mystère, » répondit la Fausse-Tortue, comptant les sujets sur ses pattes, « - Mystère, ancien et moderne, avec Merography : puis Dédain - le maître de Dédain était un vieux Congre-Anguille qui venait une fois par semaine : il nous a enseigné le Dédain, l'Étirement, l'Évanouissement dans les bobines. »

« Comment était-ce ? » dit Alice.

Arithmetic—Ambition, Distraction, Uglification, and Derision."

"I never heard of 'Uglification,'" Alice ventured to say. "What is it?"

The Gryphon lifted up both its paws in surprise. "What! Never heard of uglifying!" it exclaimed. "You know what to beautify is, I suppose?"

"Yes," said Alice doubtfully: "it means—to—make—anything—prettier."

"Well, then," the Gryphon went on, "if you don't know what to uglify is, you are a simpleton."

Alice did not feel encouraged to ask any more questions about it, so she turned to the Mock Turtle, and said "What else had you to learn?"

"Well, there was Mystery," the Mock Turtle replied, counting off the subjects on his flappers, "—Mystery, ancient and modern, with Seaography: then Drawling—the Drawling-master was an old conger-eel, that used to come once a week: he taught us Drawling, Stretching, and Fainting in Coils."

"What was that like?" said Alice.

« Eh bien, je ne peux pas te le montrer moi-même, » déclara la Fausse-Tortue : « Je suis trop raide. Et le Griffon n'a jamais appris. »

« Je n'avais pas le temps, » dit le Griffon : « J'allais voir le maître des classiques, cependant. C'était un vieux crabe, je vous le dis. »

« Je ne suis jamais allée le voir, » déclara la Fausse-Tortue dans un soupir : « il enseignait le Rire et le Chagrin, paraît-il. »

« En effet, en effet, » dit le Griffon en soupirant à son tour ; et les deux créatures se cachèrent le visage dans leurs pattes.

« Et combien d'heures de cours par jour aviez-vous ? » dit Alice, pressée de changer de sujet.

« Dix heures le premier jour, » dit la Fausse-Tortue : « neuf heures le lendemain, et ainsi de suite. »

« Quel curieux planning ! » s'exclama Alice.

« C'est la raison pour laquelle elles sont appelées leçons, » remarqua le Griffon : « parce que nous en laissions une chaque jour. »

C'était une idée assez nouvelle pour Alice, et elle y réfléchit un peu avant de poursuivre ses remarques. « Alors le onzième jour devait être un jour

"Well, I can't show it you myself," the Mock Turtle said: "I'm too stiff. And the Gryphon never learnt it."

"Hadn't time," said the Gryphon: "I went to the Classics master, though. He was an old crab, he was."

"I never went to him," the Mock Turtle said with a sigh: "he taught Laughing and Grief, they used to say."

"So he did, so he did," said the Gryphon, sighing in his turn; and both creatures hid their faces in their paws.

"And how many hours a day did you do lessons?" said Alice, in a hurry to change the subject.

"Ten hours the first day," said the Mock Turtle: "nine the next, and so on."

"What a curious plan!" exclaimed Alice.

"That's the reason they're called lessons," the Gryphon remarked: "because they lessen from day to day."

This was quite a new idea to Alice, and she thought it over a little before she made her next remark. "Then the eleventh day must have been a

férié ? »

« Bien évidemment, » dit la Fausse-Tortue.

« Et que se passait-il le douzième jour ? » continua Alice avec empressement.

« Assez parlé des leçons, » interrompit le Griffon d'un ton très décidé : « raconte-lui quelque chose à propos des jeux à présent. »

holiday?"

"Of course it was," said the Mock Turtle.

"And how did you manage on the twelfth?" Alice went on eagerly.

"That's enough about lessons," the Gryphon interrupted in a very decided tone: "tell her something about the games now."

Chapitre 10 : Le Quadrille des Homard

Chapter 10: The Lobster Quadrille

La Fausse-Tortue soupira profondément et passa le dos de l'une de ses nageoires sur ses yeux. Elle regarda Alice et essaya de parler, mais pendant une minute ou deux, des sanglots étouffaient sa voix. « Comme si elle avait un os dans la gorge, » dit le Griffon. Et il se mit à la tâche de la secouer en lui frappant le dos. Enfin, la Fausse-Tortue retrouva sa voix, et, les larmes coulant sur ses joues, elle reprit :

« Tu n'as peut-être pas beaucoup vécu sous la mer... » (« En effet, » dit Alice) - « et peut-être que tu n'as jamais rencontré de homard...»

The Mock Turtle sighed deeply, and drew the back of one flapper across his eyes. He looked at Alice, and tried to speak, but for a minute or two sobs choked his voice. "Same as if he had a bone in his throat," said the Gryphon: and it set to work shaking him and punching him in the back. At last the Mock Turtle recovered his voice, and, with tears running down his cheeks, he went on again:—

"You may not have lived much under the sea—" ("I haven't," said Alice)— "and perhaps you were never even introduced to a lobster—" (Alice

(Alice commença à dire « une fois, j'ai goûté - » mais s'arrêta d'elle-même en toute hâte, et dit « Non, jamais ») « - donc tu ne peux pas savoir le délice que représente la Quadrille des Homards ! »

« Non, en effet, » dit Alice. « De quelle sorte de danse s'agit-il ? »

« Eh bien, » dit le Griffon, « vous formez d'abord une ligne le long du bord de mer... »

« Deux lignes ! » cria la Fausse-Tortue. « Phoques, Tortues, Saumons, etc... Puis, lorsque vous vous êtes débarrassé de toutes les méduses... »

« Cela prend généralement un certain temps, » interrompit le Griffon.

« ... Vous avancez deux fois... »

« Chacun avec un Homard comme partenaire ! » cria le Griffon.

« Bien sûr, » dit la Fausse-Tortue : « faites deux pas en avant, faites deux pas de danse avec votre partenaire— »

« ... Changez de Homard et retirez-vous dans le même ordre, » continua le Griffon.

« Puis, tu sais, » continua la Fausse-Tortue, « vous jetez le... »

« Les homards ! » cria le Griffon, en

began to say "I once tasted—" but checked herself hastily, and said "No, never") "—so you can have no idea what a delightful thing a Lobster Quadrille is!"

"No, indeed," said Alice. "What sort of a dance is it?"

"Why," said the Gryphon, "you first form into a line along the sea-shore—"

"Two lines!" cried the Mock Turtle. "Seals, turtles, salmon, and so on; then, when you've cleared all the jelly-fish out of the way—"

"That generally takes some time," interrupted the Gryphon.

"—you advance twice—"

"Each with a lobster as a partner!" cried the Gryphon.

"Of course," the Mock Turtle said: "advance twice, set to partners—"

"—change lobsters, and retire in same order," continued the Gryphon.

"Then, you know," the Mock Turtle went on, "you throw the—"

"The lobsters!" shouted the Gryphon,

bondissant dans l'air.

« -aussi loin que possible dans la mer- »

« Nagez à leur poursuite ! » hurla le Griffon.

« Faites un saut périlleux dans la mer ! » cria la Fausse-Tortue en cabriolant.

« Changez à nouveau de Homard ! » hurla le Griffon à pleine voix.

« Retour à terre, et c'est tout pour le premier mouvement, » dit la Fausse-Tortue, baissant soudain la voix ; et les deux créatures, qui avaient sauté comme des folles tout ce temps, se rassirent très tristement et tranquillement, et regardèrent Alice.

« Cela doit être une très jolie danse, » dit timidement Alice.

« Aimerais-tu en voir une démonstration ? » dit la Fausse-Tortue.

« J'aimerais beaucoup, en effet, » dit Alice.

« Venez, essayons le premier mouvement ! » dit la Fausse-Tortue au Griffon. « Nous pouvons nous passer des homards, vous savez. Qui va chanter ? »

« Oh, vous chantez, » dit le Griffon.

128

« J'ai oublié les paroles. »

"I've forgotten the words."

Alors ils commencèrent à danser solennellement en rond et autour d'Alice, en marchant de temps à autre sur ses orteils quand ils passaient trop près, et en agitant leurs pattes avant pour marquer le temps, tandis que la Fausse-Tortue chantait ceci, très lentement et tristement : -

So they began solemnly dancing round and round Alice, every now and then treading on her toes when they passed too close, and waving their forepaws to mark the time, while the Mock Turtle sang this, very slowly and sadly:—

« Nous n'irons plus à l'eau,
Si tu n'avances tôt ;
Ce Marsouin trop pressé
Va tous nous écraser.
Colimaçon danse,
Entre dans la danse ;
Sautons, dansons,
Avant de faire un plongeon. »

"Will you walk a little faster?" said a whiting to a snail.
"There's a porpoise close behind us, and he's treading on my tail.
See how eagerly the lobsters and the turtles all advance!
They are waiting on the shingle—will you come and join the dance?
Will you, won't you, will you, won't you, will you join the dance?
Will you, won't you, will you, won't you, won't you join the dance?

« Je ne veux pas danser,
Je me f'rais fracasser. »
« Oh ! » reprend le Merlan,
« C'est pourtant bien plaisant. »
Colimaçon danse,
Entre dans la danse ;
Sautons, dansons,
Avant de faire un plongeon.

"You can really have no notion how delightful it will be
When they take us up and throw us, with the lobsters, out to sea!"
But the snail replied "Too far, too far!" and gave a look askance—
Said he thanked the whiting kindly, but he would not join the dance.
Would not, could not, would not, could not, would not join the dance.
Would not, could not, would not, could not, could not join the dance.

« Je ne veux pas plonger,
Je ne sais pas nager. »
— « Le Homard et l'bateau

"What matters it how far we go?" his scaly friend replied.
"There is another shore, you know,

D'sauv'tag' te tir'ront d'l'eau. »
Colimaçon danse,
Entre dans la danse ;
Sautons, dansons,
Avant de faire un plongeon.

upon the other side.
The further off from England the nearer is to France—
Then turn not pale, beloved snail, but come and join the dance.
Will you, won't you, will you, won't you, will you join the dance?
Will you, won't you, will you, won't you, won't you join the dance?"

« Merci, c'est une danse très intéressante à voir, » dit Alice, très contente que ce soit enfin fini : « et j'aime cette curieuse chanson sur le merlan ! »

"Thank you, it's a very interesting dance to watch," said Alice, feeling very glad that it was over at last: "and I do so like that curious song about the whiting!"

« Oh, quant aux merlans, » dit la Fausse-Tortue, « ils... tu les as vus, bien sûr ? »

"Oh, as to the whiting," said the Mock Turtle, "they—you've seen them, of course?"

« Oui, » dit Alice, « je les ai souvent vus au dîner... » se corrigea-t-elle à la hâte.

"Yes," said Alice, "I've often seen them at dinn—" she checked herself hastily.

« Je ne sais pas où Dinn peut bien être, » dit la Fausse-Tortue, « mais si tu les as vus si souvent, bien sûr, tu sais à quoi ils ressemblent. »

"I don't know where Dinn may be," said the Mock Turtle, "but if you've seen them so often, of course you know what they're like."

« Je crois que oui, » répondit pensivement Alice. « Ils ont la queue dans la bouche - et ils sont couverts de miettes de pain. »

"I believe so," Alice replied thoughtfully. "They have their tails in their mouths—and they're all over crumbs."

« Tu fais erreur sur les miettes, » déclara la Fausse-Tortue : « les miettes seraient dissoutes dans la mer. Mais ils ont la queue dans la bouche ; et la raison est... » À ce moment, la Fausse-Tortue bâilla et

"You're wrong about the crumbs," said the Mock Turtle: "crumbs would all wash off in the sea. But they have their tails in their mouths; and the reason is—" Here the Mock Turtle yawned and shut his eyes.—"Tell her

ferma les yeux. « Donnez-lui en la raison, » dit-il au Griffon.

« La raison est, » dit le Griffon, « qu'ils voulaient aller danser avec les homards. Alors ils ont été jetés à la mer. Ils sont donc tombés très loin. Alors, ils s'enfoncèrent la queue dans la bouche. Si bien qu'ils ne pouvaient donc plus l'en retirer. C'est tout. »

« Merci, » dit Alice, « c'est très intéressant. Je n'en savais pas autant sur le merlan. »

« Je peux t'en dire plus, si tu veux, » dit le Griffon. « Sais-tu pourquoi cela s'appelle un merlan ? »

« Je pourrais vous raconter mes aventures - à compter de ce matin, » dit Alice un peu timidement : « mais ça ne servirait à rien de revenir à hier, car j'étais une personne différente. »

« Explique-nous cela, » dit la Fausse-Tortue.

« Non non ! Les aventures d'abord, » dit le Griffon d'un ton impatient : « les explications prennent beaucoup trop de temps. »

Alice commença donc à raconter ses aventures à partir du moment où elle avait vu le Lapin Blanc pour la première fois. Elle était un peu nerveuse à ce sujet au tout début, mais les deux créatures se rapprochèrent d'elle, une de chaque

about the reason and all that," he said to the Gryphon.

"The reason is," said the Gryphon, "that they would go with the lobsters to the dance. So they got thrown out to sea. So they had to fall a long way. So they got their tails fast in their mouths. So they couldn't get them out again. That's all."

"Thank you," said Alice, "it's very interesting. I never knew so much about a whiting before."

"I can tell you more than that, if you like," said the Gryphon. "Do you know why it's called a whiting?"

"I could tell you my adventures—beginning from this morning," said Alice a little timidly: "but it's no use going back to yesterday, because I was a different person then."

"Explain all that," said the Mock Turtle.

"No, no! The adventures first," said the Gryphon in an impatient tone: "explanations take such a dreadful time."

So Alice began telling them her adventures from the time when she first saw the White Rabbit. She was a little nervous about it just at first, the two creatures got so close to her, one on each side, and opened their eyes and mouths so very wide, but she

côté, et elles étaient si ébahies qu'elle reprit courage et poursuivit son histoire. Ses auditeurs étaient parfaitement calmes jusqu'à ce qu'elle arrive à la partie où elle chantait « Vous êtes vieux, père William, » à la Chenille, et où les mots lui étaient venus n'importe comment, et alors la Fausse-Tortue prit une longue inspiration et dit : « C'est très curieux. »

« Tout ceci est on ne peut plus singulier, » déclara le Griffon.

« Tout est venu n'importe comment ! » répéta pensivement la Fausse-Tortue. « J'aimerais l'entendre essayer de chanter quelque chose maintenant. Dites-lui de commencer. » Il regarda le Griffon comme s'il pensait qu'il avait une sorte d'autorité sur Alice.

« Lève-toi et chante "C'est la voix du paresseux," » dit le Griffon.

« Que les créatures donnent des ordres et fassent répéter les leçons ! » pensa Alice ; « Je pourrais aussi bien être à l'école. » Cependant, elle se leva et commença à répéter, mais sa tête était si pleine de la Quadrille des Homards qu'elle se rendait à peine compte de ce qu'elle disait et les mots venaient vraiment n'importe comment :

« C'est la voix du Homard grondant comme la foudre :

gained courage as she went on. Her listeners were perfectly quiet till she got to the part about her repeating "You are old, Father William," to the Caterpillar, and the words all coming different, and then the Mock Turtle drew a long breath, and said "That's very curious."

"It's all about as curious as it can be," said the Gryphon.

"It all came different!" the Mock Turtle repeated thoughtfully. "I should like to hear her try and repeat something now. Tell her to begin." He looked at the Gryphon as if he thought it had some kind of authority over Alice.

"Stand up and repeat ''Tis the voice of the sluggard,'" said the Gryphon.

"How the creatures order one about, and make one repeat lessons!" thought Alice; "I might as well be at school at once." However, she got up, and began to repeat it, but her head was so full of the Lobster Quadrille, that she hardly knew what she was saying, and the words came very queer indeed:—

"'Tis the voice of the Lobster; I heard him declare,

« On m'a trop fait bouillir, il faut que je me poudre ! »
Puis, les pieds en dehors, prenant la brosse en main,

De se faire bien beau vite il se met en train.

Quand le sable est sec, il est gai comme une alouette,

Et parlera d'un ton méprisant tel une roussette,

Mais, quand la marée monte et que les requins sont là,

Timide et tremblante est le son de sa voix. »

« C'est différent de ce que j'avais l'habitude de dire lorsque j'étais enfant, » déclara le Griffon.

« Eh bien, je ne l'avais jamais entendu auparavant, » dit la Fausse-Tortue. « Mais cela semble absurde. »

Alice ne dit rien ; elle s'était assise, son visage dans ses mains, se demandant si plus rien ne se passerait jamais normalement à présent.

« J'aimerais des explications, » déclara la Fausse-Tortue.

« Elle ne peut pas expliquer, » dit le Griffon avec empressement. « Continue avec le verset suivant. »

"You have baked me too brown, I must sugar my hair."
As a duck with its eyelids, so he with his nose,

Trims his belt and his buttons, and turns out his toes.

When the sands are all dry, he is gay as a lark,

And will talk in contemptuous tones of the Shark,

But, when the tide rises and sharks are around,

His voice has a timid and tremulous sound."

"That's different from what I used to say when I was a child," said the Gryphon.

"Well, I never heard it before," said the Mock Turtle; "but it sounds uncommon nonsense."

Alice said nothing; she had sat down with her face in her hands, wondering if anything would ever happen in a natural way again.

"I should like to have it explained," said the Mock Turtle.

"She can't explain it," said the Gryphon hastily. "Go on with the next verse."

« Mais à propos de ses orteils ? » persista la Fausse-Tortue. « Comment a-t-il pu les faire sortir avec son nez ? »

« C'est la première position de la danse, » dit Alice ; mais elle était terriblement perplexe à propos de l'entière situation, et désirait changer de sujet.

« Continue avec le couplet suivant, » répéta le Griffon avec impatience : « cela commence par : "Je suis passé près de son jardin..." »

Alice n'osa pas désobéir, même si elle était sûre que tout allait mal se passer, et elle reprit d'une voix tremblante :

"But about his toes?" the Mock Turtle persisted. "How could he turn them out with his nose, you know?"

"It's the first position in dancing." Alice said; but was dreadfully puzzled by the whole thing, and longed to change the subject.

"Go on with the next verse," the Gryphon repeated impatiently: "it begins 'I passed by his garden.'"

Alice did not dare to disobey, though she felt sure it would all come wrong, and she went on in a trembling voice:—

« Je suis passé près de son jardin, j'ai vu, ne vous déplaise,

Un Hibou et une Panthère dinant fort à l'aise. »

La Panthère prit de la croûte de la tarte, de la sauce et de la viande,

Alors que le Hibou avait le plat comme sa part du repas.

Quand la tarte fut finie, le Hibou, comme une aubaine,

Fut gentiment autorisé à emporter la cuillère :

Tandis que la Panthère recevait un couteau et une fourchette avec un grognement,

Ce qui conclut le banquet—

« Quel est l'intérêt de répéter tout cela, » interrompit la Fausse-Tortue, « si tu ne l'expliques pas au fur et à mesure ? C'est de loin la chose la plus déroutante que j'aie jamais entendue ! »

« Oui, je pense que tu ferais mieux de laisser tomber, » dit le Griffon : et Alice fut tout à fait contente de s'arrêter.

« Devons-nous essayer un autre mouvement de la Quadrille des Homards ? » continua le Griffon. « Ou voudrais-tu que la Fausse-

"I passed by his garden, and marked, with one eye,

How the Owl and the Panther were sharing a pie—"

The Panther took pie-crust, and gravy, and meat,

While the Owl had the dish as its share of the treat.

When the pie was all finished, the Owl, as a boon,

Was kindly permitted to pocket the spoon:

While the Panther received knife and fork with a growl,

And concluded the banquet—

"What is the use of repeating all that stuff," the Mock Turtle interrupted, "if you don't explain it as you go on? It's by far the most confusing thing I ever heard!"

"Yes, I think you'd better leave off," said the Gryphon: and Alice was only too glad to do so.

"Shall we try another figure of the Lobster Quadrille?" the Gryphon went on. "Or would you like the Mock Turtle to sing you a song?"

Tortue te chante une chanson ? »

« Oh une chanson, s'il vous plaît, ce serait si gentil de la part de la Fausse-Tortue, » répondit Alice, si ardemment que le Griffon dit, d'un ton plutôt offensé, « Hm ! Ne prenons pas les goûts en compte ! Chantez la "soupe aux tortues," voulez-vous, mon vieux ? »

La Fausse-Tortue soupira profondément et commença, d'une voix parfois étouffée par des sanglots, à chanter ceci :

« Ô doux potage,
Ô mets délicieux !
Ah ! pour partage,
Quoi de plus précieux ?
Plonger dans ma soupière
Cette vaste cuillère
Est un bonheur
Qui me réjouit le cœur.

« Gibier, volaille,
Lièvres, dindes, perdreaux,
Rien qui te vaille, —
Pas même les pruneaux !
Plonger dans ma soupière
Cette vaste cuillère
Est un bonheur
Qui me réjouit le cœur. »

« Le refrain, encore ! » cria le Griffon, et la Fausse-Tortue venait juste de commencer à le répéter, quand on

"Oh, a song, please, if the Mock Turtle would be so kind," Alice replied, so eagerly that the Gryphon said, in a rather offended tone, "Hm! No accounting for tastes! Sing her 'Turtle Soup,' will you, old fellow?"

The Mock Turtle sighed deeply, and began, in a voice sometimes choked with sobs, to sing this:—

"Beautiful Soup, so rich and green,
Waiting in a hot tureen!
Who for such dainties would not stoop?
Soup of the evening, beautiful Soup!
Soup of the evening, beautiful Soup!
Beau—ootiful Soo—oop!
Beau—ootiful Soo—oop!
Soo—oop of the e—e—evening,
Beautiful, beautiful Soup!

"Beautiful Soup! Who cares for fish,
Game, or any other dish?
Who would not give all else for two pennyworth only of beautiful Soup?
Pennyworth only of beautiful Soup?
Beau—ootiful Soo—oop!
Beau—ootiful Soo—oop!
Soo—oop of the e—e—evening,
Beautiful, beauti—FUL SOUP!"

"Chorus again!" cried the Gryphon, and the Mock Turtle had just begun to repeat it, when a cry of "The

entendit au loin un cri : « Le procès va commencer ! »

« Allons-y ! » cria le Griffon, et, prenant Alice par la main, il se précipita, sans attendre la fin de la chanson.

« De quel procès s'agit-il ? » haleta Alice, en courant ; mais le Griffon répondit seulement « Allons-y ! » en courant encore plus vite, tandis qu'on entendait de plus en plus faiblement ces mots mélancoliques portés par la brise :

« Qui me réjouit le cœur
Qui me réjouit le cœur. »

trial's beginning!" was heard in the distance.

"Come on!" cried the Gryphon, and, taking Alice by the hand, it hurried off, without waiting for the end of the song.

"What trial is it?" Alice panted as she ran; but the Gryphon only answered "Come on!" and ran the faster, while more and more faintly came, carried on the breeze that followed them, the melancholy words:—

"Soo—oop of the e—e—evening,
Beautiful, beautiful Soup!"

CHAPITRE 11 : QUI A VOLÉ LES TARTES?

À leur arrivée, le Roi et la Reine de Cœur étaient assis sur leur trône, et une grande foule s'était rassemblée autour d'eux - toutes sortes de petits oiseaux et de bêtes, ainsi que tout le jeu de cartes : le Valet se tenait devant eux, enchaîné, avec un soldat de chaque côté pour le garder ; et près du Roi se trouvait le Lapin Blanc, une trompette dans une main et un rouleau de parchemin dans l'autre. Au milieu de la cour se trouvait une table, avec un grand plat garni de tartes posées dessus : elles avaient l'air si bonnes que de les regarder ouvrit l'appétit d'Alice - « J'aimerais tant qu'ils terminent le procès, »

CHAPTER 11: WHO STOLE THE TARTS?

The King and Queen of Hearts were seated on their throne when they arrived, with a great crowd assembled about them—all sorts of little birds and beasts, as well as the whole pack of cards: the Knave was standing before them, in chains, with a soldier on each side to guard him; and near the King was the White Rabbit, with a trumpet in one hand, and a scroll of parchment in the other. In the very middle of the court was a table, with a large dish of tarts upon it: they looked so good, that it made Alice quite hungry to look at them—"I wish they'd get the trial done," she thought, "and hand round

pensa-t-elle, « et qu'ils distribuent les rafraîchissements ! » Mais il ne semblait y avoir aucune chance que cela se produise, et elle commença alors à tout regarder autour d'elle pour passer le temps.

Alice ne s'était jamais auparavant trouvée dans une cour de justice, mais elle avait beaucoup lu à leur sujet dans des livres, et elle était très heureuse de constater qu'elle connaissait le nom de presque tout tout ce qui s'y trouvait. « Voilà le juge, » se dit-elle, « on le reconnaît à sa superbe perruque. »

Le juge, d'ailleurs, était le Roi ; et comme il portait sa couronne sur la perruque, (regardez le frontispice si vous voulez voir de quelle manière il la portait), il n'avait pas l'air à son aise du tout, et cela n'allait certainement pas aller en s'arrangeant.

« Et ça, c'est le banc des jurés, » pensa Alice, « et ces douze créatures, » (elle était obligée de dire « créatures, » voyez-vous, parce que certains étaient des animaux, et d'autres, des oiseaux,) « je suppose qu'ils sont les jurés. » Elle se répéta ce dernier mot deux ou trois fois, s'en trouvant plutôt fière : car elle pensait, et à juste titre, que très peu de petites filles de son âge en connaissaient le sens. Cependant, des « hommes du jury » auraient tout aussi bien fait l'affaire.

Les douze jurés écrivaient tous très

the refreshments!" But there seemed to be no chance of this, so she began looking at everything about her, to pass away the time.

Alice had never been in a court of justice before, but she had read about them in books, and she was quite pleased to find that she knew the name of nearly everything there. "That's the judge," she said to herself, "because of his great wig."

The judge, by the way, was the King; and as he wore his crown over the wig, (look at the frontispiece if you want to see how he did it,) he did not look at all comfortable, and it was certainly not becoming.

"And that's the jury-box," thought Alice, "and those twelve creatures," (she was obliged to say "creatures," you see, because some of them were animals, and some were birds,) "I suppose they are the jurors." She said this last word two or three times over to herself, being rather proud of it: for she thought, and rightly too, that very few little girls of her age knew the meaning of it at all. However, "jury-men" would have done just as well.

The twelve jurors were all writing

activement sur des ardoises. « Que font-ils ? » chuchota Alice au Griffon. « Ils ne peuvent encore rien avoir à écrire, avant le début du procès. »

« Ils écrivent leurs noms, » murmura le Griffon en réponse, « de peur de les oublier avant la fin du procès. »

« Qu'ils sont stupides ! » commença Alice d'une voix forte et indignée, mais elle s'arrêta rapidement, car le Lapin Blanc cria : « Silence dans la cour ! » et le Roi mit ses lunettes et regarda autour de lui avec inquiétude, cherchant qui parlait.

Alice pouvait voir, aussi bien que si elle regardait par-dessus leurs épaules, que tous les jurés écrivaient « stupides ! » sur leurs ardoises, et elle comprenait même que l'un d'entre eux ne savait pas comment épeler « stupide » et qu'il devait demander à son voisin de le lui dire. « Ce sera la confusion sur leurs ardoises avant la fin du procès ! » pensa Alice.

L'un des jurés avait un crayon qui grinçait. Ceci, bien sûr, Alice ne pouvait pas le supporter, et elle fit le tour du terrain et se plaça derrière lui, et trouva très vite une opportunité de le lui retirer. Elle le fit si promptement que le pauvre petit juré (c'était Bill, le Lézard) ne put pas comprendre ce qu'il était advenu de son crayon ; ainsi, après avoir cherché partout, il fut obligé d'écrire avec un doigt pour

le reste de la journée ; et ça ne servait pas à grand' chose, car il ne laissait aucune trace sur l'ardoise.

« Héraut, lisez l'accusation ! » dit le Roi.

Sur ce, le Lapin Blanc souffla trois fois dans la trompette, puis déroula le rouleau de parchemin, et lut ce qui suit : -

« La Reine de Cœur, a fait des tartes,
Le tout un jour d'été :
Le Valet de Cœur, a volé ces tartes,
Et les a emportées au loin !

« Rendez votre verdict, » déclara le Roi au jury.

« Pas encore, pas encore ! » l'interrompit avec empressement le Lapin. « Il y a beaucoup à faire avant ça ! »

« Appelez le premier témoin, » dit le Roi. Et le Lapin Blanc souffla trois fois dans la trompette et cria : « Premier témoin ! »

Le premier témoin était le Chapelier. Il entra avec une tasse de thé dans une main et une tartine de pain beurré dans l'autre. « Je vous demande pardon, Votre Majesté, » commença-t-il, « de les avoir apportés ici : mais je n'avais pas tout à fait fini mon thé quand j'ai été appelé. »

day; and this was of very little use, as it left no mark on the slate.

"Herald, read the accusation!" said the King.

On this the White Rabbit blew three blasts on the trumpet, and then unrolled the parchment scroll, and read as follows:—

"The Queen of Hearts, she made some tarts,
All on a summer day:
The Knave of Hearts, he stole those tarts,
And took them quite away!"

"Consider your verdict," the King said to the jury.

"Not yet, not yet!" the Rabbit hastily interrupted. "There's a great deal to come before that!"

"Call the first witness," said the King; and the White Rabbit blew three blasts on the trumpet, and called out, "First witness!"

The first witness was the Hatter. He came in with a teacup in one hand and a piece of bread-and-butter in the other. "I beg pardon, your Majesty," he began, "for bringing these in: but I hadn't quite finished my tea when I was sent for."

« Vous auriez dû finir, » dit le Roi. « Quand avez-vous commencé ? »

"You ought to have finished," said the King. "When did you begin?"

Le Chapelier regarda le Lièvre de Mars, qui l'avait suivi dans la cour, bras dessus bras dessous avec le Loir. « Le quatorze mars, semble-t-il, » déclara-t-il.

The Hatter looked at the March Hare, who had followed him into the court, arm-in-arm with the Dormouse. "Fourteenth of March, I think it was," he said.

« Le quinze, » dit le Lièvre de Mars.

"Fifteenth," said the March Hare.

« Le seize, » ajouta le Loir.

"Sixteenth," added the Dormouse.

« Notez cela, » dit le Roi au jury, et le jury s'empressa d'écrire les trois dates sur leurs ardoises, puis les additionna et convertit la réponse en francs et centimes.

"Write that down," the King said to the jury, and the jury eagerly wrote down all three dates on their slates, and then added them up, and reduced the answer to shillings and pence.

« Ôtez votre chapeau, » dit le Roi au Chapelier.

"Take off your hat," the King said to the Hatter.

« Ce n'est pas le mien, » dit le Chapelier.

"It isn't mine," said the Hatter.

« Volé ! » s'exclama le Roi en se tournant vers le jury, qui prit aussitôt note du fait.

"Stolen!" the King exclaimed, turning to the jury, who instantly made a memorandum of the fact.

« Je les garde pour les vendre, » ajouta le Chapelier en guise d'explication ; « ils ne m'appartiennent pas. Je suis chapelier. »

"I keep them to sell," the Hatter added as an explanation; "I've none of my own. I'm a hatter."

À ce moment, la Reine mit ses lunettes et commença à fixer le Chapelier, qui pâlit et s'agita.

Here the Queen put on her spectacles, and began staring at the Hatter, who turned pale and fidgeted.

« Faites votre déposition, » dit le Roi ; « et ne soyez pas nerveux, ou je vous ferai exécuter sur-le-champ. »

"Give your evidence," said the King; "and don't be nervous, or I'll have you executed on the spot."

Cela ne sembla pas du tout encourager le témoin : il se balançait sans cesse d'un pied sur l'autre, regardant la Reine avec inquiétude et, dans sa confusion, il croqua un gros morceau de sa tasse de thé au lieu du pain beurré.

This did not seem to encourage the witness at all: he kept shifting from one foot to the other, looking uneasily at the Queen, and in his confusion he bit a large piece out of his teacup instead of the bread-and-butter.

À cet instant, Alice ressentit une sensation très curieuse, qui l'intrigua beaucoup, jusqu'à ce qu'elle comprenne de quoi il s'agissait : elle recommençait à grandir, et elle pensa d'abord qu'elle devait se lever et quitter la cour ; mais, à la réflexion, elle décida de rester là où elle se trouvait tant qu'il y avait assez de place pour elle.

Just at this moment Alice felt a very curious sensation, which puzzled her a good deal until she made out what it was: she was beginning to grow larger again, and she thought at first she would get up and leave the court; but on second thoughts she decided to remain where she was as long as there was room for her.

« Je souhaiterais que vous ne

"I wish you wouldn't squeeze so." said

m'écrasiez pas ainsi, » dit le Loir, qui était assis à côté d'elle. « Je peux à peine respirer. »

« Je n'y peux rien, » dit Alice très doucement : « Je grandis. »

« Vous n'avez pas le droit de grandir ici, » dit le Loir.

« Ne dites pas de bêtises, » dit Alice plus hardiment : « vous savez que vous grandissez aussi. »

« Oui, mais je grandis à un rythme raisonnable, » déclara le Loir : « pas de manière si ridicule. » Et il se leva, boudeur, traversa la cour et rejoignit l'autre côté.

Pendant tout ce temps, la Reine n'avait jamais cessé de fixer le Chapelier et, juste au moment où le Loir traversait la cour, elle dit à l'un des officiers de la cour : « Apportez-moi la liste des chanteurs du dernier concert ! » et sur ce, le malheureux Chapelier trembla tant qu'il en perdit ses chaussures.

« Faites votre déposition, » répéta le Roi avec colère, « ou je vous ferai exécuter, que vous soyez nerveux ou non. »

« Je suis un pauvre homme, Votre Majesté, » commença le Chapelier d'une voix tremblante, « - et je n'avais pas commencé le thé plus d'une semaine auparavant - et avec

the Dormouse, who was sitting next to her. "I can hardly breathe."

"I can't help it," said Alice very meekly: "I'm growing."

"You've no right to grow here," said the Dormouse.

"Don't talk nonsense," said Alice more boldly: "you know you're growing too."

"Yes, but I grow at a reasonable pace," said the Dormouse: "not in that ridiculous fashion." And he got up very sulkily and crossed over to the other side of the court.

All this time the Queen had never left off staring at the Hatter, and, just as the Dormouse crossed the court, she said to one of the officers of the court, "Bring me the list of the singers in the last concert!" on which the wretched Hatter trembled so, that he shook both his shoes off.

"Give your evidence," the King repeated angrily, "or I'll have you executed, whether you're nervous or not."

"I'm a poor man, your Majesty," the Hatter began, in a trembling voice, "—and I hadn't begun my tea—not above a week or so—and what with the bread-and-butter getting so

ça, les tartines beurrées deviennent si minces - et le scintillement du thé - »

« Le scintillement du quoi ? » dit le Roi.

« Tout a commencé avec le thé, » répondit le Chapelier.

« Bien sûr, dans scintillement, il y a un T ! » dit le Roi brusquement. « Tu me prends pour un tocard ? Continue ! »

« Je suis un pauvre homme, » continua le Chapelier, « et la plupart des choses commencèrent à scintiller par la suite - seulement, le Lièvre de Mars a dit... »

« Ce n'est pas vrai ! » interrompit le Lièvre de Mars à toute vitesse.

« Si, c'est vrai ! » dit le Chapelier.

« Je le nie ! » dit le Lièvre de Mars.

« Il le nie, » déclara le Roi : « n'écrivez pas cela. »

« En tous les cas, le Loir a dit... » continua le Chapelier, regardant anxieusement autour de lui pour voir s'il le nierait aussi : mais le Loir ne nia rien, étant profondément endormi.

« Après ça, » continua le Chapelier, j'ai coupé un peu plus de pain beurré... »

thin—and the twinkling of the tea—"

"The twinkling of the what?" said the King.

"It began with the tea," the Hatter replied.

"Of course twinkling begins with a T!" said the King sharply. "Do you take me for a dunce? Go on!"

"I'm a poor man," the Hatter went on, "and most things twinkled after that—only the March Hare said—"

"I didn't!" interrupted the March Hare in a great hurry.

"You did!" said the Hatter.

"I deny it!" said the March Hare.

"He denies it," said the King: "leave out that part."

"Well, at any rate, the Dormouse said—" the Hatter went on, looking anxiously round to see if he would deny it too: but the Dormouse denied nothing, being fast asleep.

"After that," continued the Hatter, "I cut some more bread-and-butter—"

« Mais qu'a dit le Loir ? » demanda l'un des jurés.

"But what did the Dormouse say?" one of the jury asked.

« Je ne me souviens pas, » dit le Chapelier.

"That I can't remember," said the Hatter.

« Vous devez vous souvenir, » fit remarquer le Roi, « sinon je devrai vous faire exécuter. »

"You must remember," remarked the King, "or I'll have you executed."

Le malheureux Chapelier laissa tomber sa tasse de thé, son pain beurré, et se mit à genoux. « Je suis un pauvre homme, Votre Majesté, » commença-t-il.

The miserable Hatter dropped his teacup and bread-and-butter, and went down on one knee. "I'm a poor man, your Majesty," he began.

« Tu es un très mauvais orateur, » déclara le Roi.

"You're a very poor speaker," said the King.

À ce moment, l'un des cochons d'Inde applaudit et fut immédiatement réprimandé par les officiers de la cour. (Comme c'est un mot assez dur, je vais juste vous expliquer comment cela se passa. Ils avaient un grand sac en toile, qui était attaché à l'extrémité par des ficelles : à l'intérieur, ils glissèrent le cochon d'Inde la tête la première, puis s'assirent dessus.)

Here one of the guinea-pigs cheered, and was immediately suppressed by the officers of the court. (As that is rather a hard word, I will just explain to you how it was done. They had a large canvas bag, which tied up at the mouth with strings: into this they slipped the guinea-pig, head first, and then sat upon it.)

« Je suis contente d'avoir assisté à cela, » pensa Alice. « J'ai si souvent lu dans les journaux, à la fin des procès : "Il y a eu quelques tentatives d'applaudissements, qui ont été immédiatement réprimées par les les huissiers," et je n'avais jamais compris ce que cela signifiait jusqu'à présent. »

"I'm glad I've seen that done," thought Alice. "I've so often read in the newspapers, at the end of trials, "There was some attempts at applause, which was immediately suppressed by the officers of the court," and I never understood what it meant till now."

« Si c'est tout ce que tu sais, tu peux t'agenouiller, » poursuivit le Roi.

"If that's all you know about it, you may stand down," continued the King.

« Je ne peux pas être plus bas, » dit le Chapelier : « Je suis déjà à terre. »

"I can't go no lower," said the Hatter: "I'm on the floor, as it is."

« Alors tu peux t'asseoir, » répondit le Roi.

"Then you may sit down," the King replied.

À ce moment-là, l'autre cochon d'Inde applaudit et fut supprimé à son tour.

Here the other guinea-pig cheered, and was suppressed.

« Bon, c'en est fini pour des cochons d'Inde ! » pensa Alice. « Maintenant, cela devrait mieux se passer. »

"Come, that finished the guinea-pigs!" thought Alice. "Now we shall get on better."

« Je préfèrerais finir mon thé, » dit le Chapelier, jetant un regard anxieux vers la Reine, qui lisait la liste des

"I'd rather finish my tea," said the Hatter, with an anxious look at the Queen, who was reading the list of

chanteurs.

« Tu peux y aller, » dit le Roi, et le Chapelier quitta précipitamment la cour, sans même prendre le temps de remettre ses chaussures.

« ... Et coupez-la tête à l'extérieur, » ajouta la Reine à l'un des officiers : mais le Chapelier était hors de vue avant que l'officier ne puisse atteindre la porte.

« Appelez le prochain témoin ! » dit le Roi.

Le témoin suivant était la Cuisinière de la Duchesse. Elle tenait une poivrière dans sa main, et Alice devina de qui il s'agissait avant même de la voir entrer dans la cour à la façon dont les gens près de la porte se mirent à éternuer tous en même temps.

« Faites votre déposition, » dit le Roi.

« Je ne le ferai pas, » dit la Cuisinière.

Le Roi regarda avec anxiété le Lapin Blanc, qui disait à voix basse : « Votre Majesté doit contre-interroger ce témoin. »

« Eh bien, si cela doit être fait, que cela soit fait ! » dit le Roi d'un air mélancolique, et, après avoir croisé les bras et froncé les sourcils vers la Cuisinière jusqu'à ce que ses yeux soient presque

singers.

"You may go," said the King, and the Hatter hurriedly left the court, without even waiting to put his shoes on.

"—and just take his head off outside," the Queen added to one of the officers: but the Hatter was out of sight before the officer could get to the door.

"Call the next witness!" said the King.

The next witness was the Duchess's cook. She carried the pepper-box in her hand, and Alice guessed who it was, even before she got into the court, by the way the people near the door began sneezing all at once.

"Give your evidence," said the King.

"Shan't," said the cook.

The King looked anxiously at the White Rabbit, who said in a low voice, "Your Majesty must cross-examine this witness."

"Well, if I must, I must," the King said, with a melancholy air, and, after folding his arms and frowning at the cook till his eyes were nearly out of sight, he said in a deep voice, "What are tarts made of?"

148

invisibles, il dit d'une voix grave : « De quoi étaient faites les tartes ? »

« De poivre, surtout, » dit la Cuisinière.

"Pepper, mostly," said the cook.

« De mélasse, » dit une voix endormie derrière elle.

"Treacle," said a sleepy voice behind her.

« Attrapez ce Loir, » hurla la Reine. « Décapitez ce Loir ! Faites sortir ce Loir hors du tribunal ! Supprimez-le ! Pincez-le ! Arrachez-lui les moustaches ! »

"Collar that Dormouse," the Queen shrieked out. "Behead that Dormouse! Turn that Dormouse out of court! Suppress him! Pinch him! Off with his whiskers!"

Pendant quelques minutes, toute la cour se trouvait dans la confusion pour faire sortir le Loir et, le temps qu'ils se réinstallent, la Cuisinière avait disparu.

For some minutes the whole court was in confusion, getting the Dormouse turned out, and, by the time they had settled down again, the cook had disappeared.

« Peu importe ! » dit le Roi avec un air de profond soulagement. « Appelez le prochain témoin. » Et il ajouta à voix basse pour la Reine : « Vraiment, ma Chère, vous devez contre-interroger le prochain témoin. Cela me donne mal à la tête ! »

"Never mind!" said the King, with an air of great relief. "Call the next witness." And he added in an undertone to the Queen, "Really, my dear, you must cross-examine the next witness. It quite makes my forehead ache!"

Alice regarda le Lapin Blanc fouiller dans la liste, très curieuse de voir à quoi ressemblerait le prochain témoin, « … car ils n'ont pas encore beaucoup de preuves, » se dit-elle. Imaginez sa surprise, quand le Lapin Blanc lut du haut de sa petite voix stridente le nom d'"Alice ! "

Alice watched the White Rabbit as he fumbled over the list, feeling very curious to see what the next witness would be like, "—for they haven't got much evidence yet," she said to herself. Imagine her surprise, when the White Rabbit read out, at the top of his shrill little voice, the name "Alice!"

Chapitre 12 : Le témoignage d'Alice

Chapter 12: Alice's Evidence

« Ici ! » s'écria Alice, oubliant tout à fait dans le trouble du moment à quel point elle avait grandi au cours des dernières minutes, et elle se leva si promptement qu'elle renversa la cabine des jurés du bord de sa jupe, renversant tous les jurés sur les têtes de la foule en dessous, et ils étaient étalés là, lui remémorant parfaitement un bocal de poissons rouges qu'elle avait accidentellement renversé la semaine précédente.

"Here!" cried Alice, quite forgetting in the flurry of the moment how large she had grown in the last few minutes, and she jumped up in such a hurry that she tipped over the jury-box with the edge of her skirt, upsetting all the jurymen on to the heads of the crowd below, and there they lay sprawling about, reminding her very much of a globe of goldfish she had accidentally upset the week before.

« Oh, je vous prie de me pardonner ! » s'exclama-t-elle sur un ton de grand désarroi, et elle se mit à les ramasser aussi vite qu'elle le pouvait, car

"Oh, I beg your pardon!" she exclaimed in a tone of great dismay, and began picking them up again as quickly as she could, for the accident

l'accident du poisson rouge ne cessait de lui tourner dans la tête, et elle avait la vague impression qu'il fallait les ramasser aussitôt et les remettre en place dans la cabine des jurés, sans quoi ils pourraient mourir.

« Le procès ne pourra avoir lieu, » dit le Roi d'une voix très grave, « tant que tous les jurés ne seront pas de retour à leur place - tous les jurés, » répéta-t-il avec une grande insistance, regardant Alice en disant cela.

Alice regarda le jury et vit que, dans sa hâte, elle avait mis le Lézard la tête en bas, et la pauvre petite chose agita mélancoliquement la queue, incapable de bouger. Elle le sortit aussitôt, et le remit d'aplomb ; « non pas que cela aie beaucoup de sens, » se dit-elle ; « je crois bien qu'ils seraient tout aussi utiles pour le procès dans un sens ou dans l'autre. »

Dès que le jury se fut un peu remis du choc d'avoir été renversé, et que leurs ardoises et crayons furent retrouvés et leur furent rendus, ils se mirent à la tâche avec une grande diligence pour rédiger un historique de l'accident, tous sauf le Lézard, qui semblait trop accablé pour faire quoi que ce soit d'autre que s'asseoir, bouche bée, regardant vers le toit de la cour.

« Que sais-tu à propos de cette affaire ? » dit le Roi à Alice.

of the goldfish kept running in her head, and she had a vague sort of idea that they must be collected at once and put back into the jury-box, or they would die.

"The trial cannot proceed," said the King in a very grave voice, "until all the jurymen are back in their proper places—all," he repeated with great emphasis, looking hard at Alice as he said so.

Alice looked at the jury-box, and saw that, in her haste, she had put the Lizard in head downwards, and the poor little thing was waving its tail about in a melancholy way, being quite unable to move. She soon got it out again, and put it right; "not that it signifies much," she said to herself; "I should think it would be quite as much use in the trial one way up as the other."

As soon as the jury had a little recovered from the shock of being upset, and their slates and pencils had been found and handed back to them, they set to work very diligently to write out a history of the accident, all except the Lizard, who seemed too much overcome to do anything but sit with its mouth open, gazing up into the roof of the court.

"What do you know about this business?" the King said to Alice.

« Rien, » dit Alice.

"Nothing," said Alice.

« Rien du tout ? » insista le Roi.

"Nothing whatever?" persisted the King.

« Rien du tout, » dit Alice.

"Nothing whatever," said Alice.

« C'est très important, » a déclaré le Roi en se tournant vers le jury. Ils commençaient juste à écrire ceci sur leurs ardoises, quand le Lapin Blanc l'interrompit : « Sans importance, voulait dire Votre Majesté, bien sûr, » dit-il d'un ton très respectueux, mais en fronçant cependant les sourcils et lui faisant des grimaces tout en parlant.

"That's very important," the King said, turning to the jury. They were just beginning to write this down on their slates, when the White Rabbit interrupted: "Unimportant, your Majesty means, of course," he said in a very respectful tone, but frowning and making faces at him as he spoke.

« Sans importance, bien sûr, je voulais dire, » dit le Roi avec empressement, et reprit à voix basse,

"Unimportant, of course, I meant," the King hastily said, and went on to himself in an undertone,

« Important - sans importance - sans importance - important - » comme s'il essayait de voir lequel des mots sonnait le mieux.

"important—unimportant—unimportant—important—" as if he were trying which word sounded best.

Certains membres du jury notèrent « important » et d'autres, « sans importance. » Alice pouvait le voir, car elle était suffisamment proche pour regarder par-dessus leurs ardoises ; « mais cela n'a pas d'importance, » se dit-elle.

Some of the jury wrote it down "important," and some "unimportant." Alice could see this, as she was near enough to look over their slates; "but it doesn't matter a bit," she thought to herself.

À cet instant, le Roi, qui depuis quelque temps écrivait activement dans son carnet, gloussa : « Silence ! » et lut dans son livre, « Règle quarante-deux. Toutes les personnes de plus

At this moment the King, who had been for some time busily writing in his note-book, cackled out "Silence!" and read out from his book, "Rule Forty-two. All persons more than a

d'un mile de haut doivent quitter le tribunal. »

Tout le monde regarda Alice.

« Je ne fais pas un mile de haut, » dit Alice.

« Si, tu les fais, » dit le Roi.

« Près de deux miles de haut, » ajouta la Reine.

« Eh bien, je ne m'en irai pas, quoiqu'il en soit, » dit Alice. « D'ailleurs, ce n'est pas une règle établie : vous venez de l'inventer. »

« C'est la règle la plus ancienne du livre, » déclara le Roi.

« Alors cela devrait être la règle numéro un, » dit Alice.

Le Roi pâlit et ferma son carnet avec empressement. « Considérez votre verdict, » dit-il au jury d'une voix basse et tremblante.

« Il y a encore des témoignages à venir, s'il vous plaît Votre Majesté, » dit le Lapin Blanc en sautant très vite ; « ce papier vient d'être ramassé. »

« Qu'est-il écrit dessus ? » dit la Reine.

« Je ne l'ai pas encore ouvert, » déclara le Lapin Blanc, « mais il semble qu'il s'agisse d'une lettre, rédigée par

mile high to leave the court."

Everybody looked at Alice.

"I'm not a mile high," said Alice.

"You are," said the King.

"Nearly two miles high," added the Queen.

"Well, I shan't go, at any rate," said Alice: "besides, that's not a regular rule: you invented it just now."

"It's the oldest rule in the book," said the King.

"Then it ought to be number one," said Alice.

The King turned pale, and shut his note-book hastily. "Consider your verdict," he said to the jury, in a low, trembling voice.

"There's more evidence to come yet, please your Majesty," said the White Rabbit, jumping up in a great hurry; "this paper has just been picked up."

"What's in it?" said the Queen.

"I haven't opened it yet," said the White Rabbit, "but it seems to be a letter, written by the prisoner to—to

l'accusé à - à quelqu'un. »

« Cela doit être le cas, » dit le Roi, « à moins qu'elle n'ait été écrite pour personne, ce qui n'est pas l'usage, vous savez. »

« À qui s'adresse-t-elle ? » dit l'un des jurés.

« Elle n'est adressée à personne, » dit le Lapin Blanc ; « en fait, il n'y a rien d'écrit à l'extérieur. » Il dépliait le papier tout en parlant et ajouta : « Ce n'est pas une lettre, en fait : c'est un ensemble de vers. »

« S'agit-il de l'écriture de l'accusé ? » demanda un autre des jurés.

« Non, » déclara le Lapin Blanc, « et, à ce propos, c'est la chose la plus étrange. » (L'ensemble du jury avait l'air confus.)

« Il a dû imiter l'écriture de quelqu'un d'autre, » dit le Roi. (Le jury reprit un air éclairé.)

« Je vous en prie, Majesté, » dit le Valet, « je ne l'ai pas écrite, et personne ne peut le prouver : il n'y a pas de signature à la fin. »

« Si vous ne l'avez pas signée, » dit le Roi, « cela ne fera qu'empirer les choses. Vous deviez avoir l'intention de commettre un méfait, sans quoi vous auriez signé de votre nom,

somebody."

"It must have been that," said the King, "unless it was written to nobody, which isn't usual, you know."

"Who is it directed to?" said one of the jurymen.

"It isn't directed at all," said the White Rabbit; "in fact, there's nothing written on the outside." He unfolded the paper as he spoke, and added "It isn't a letter, after all: it's a set of verses."

"Are they in the prisoner's handwriting?" asked another of the jurymen.

"No, they're not," said the White Rabbit, "and that's the queerest thing about it." (The jury all looked puzzled.)

"He must have imitated somebody else's hand," said the King. (The jury all brightened up again.)

"Please your Majesty," said the Knave, "I didn't write it, and they can't prove I did: there's no name signed at the end."

"If you didn't sign it," said the King, "that only makes the matter worse. You must have meant some mischief, or else you'd have signed your name like an honest man."

comme un honnête homme. »

Il y eut à ces mots un applaudissement général : c'était la première chose véritablement intelligente que le Roi avait dite ce jour-là.

There was a general clapping of hands at this: it was the first really clever thing the King had said that day.

« Cela prouve sa culpabilité, » déclara la Reine.

"That proves his guilt," said the Queen.

« Cela ne prouve rien de tout ! » dit Alice. « En effet, vous ne savez même pas de quoi il s'agit ! »

"It proves nothing of the sort!" said Alice. "Why, you don't even know what they're about!"

« Lisez-ces versets, » dit le Roi.

"Read them," said the King.

Le Lapin Blanc mit ses lunettes. « Par où dois-je commencer, s'il vous plaît Votre Majesté ? » demanda-t-il.

The White Rabbit put on his spectacles. "Where shall I begin, please your Majesty?" he asked.

« Commencez par le commencement, » dit gravement le Roi, « et continuez jusqu'à la fin : puis arrêtez-vous. »

"Begin at the beginning," the King said gravely, "and go on till you come to the end: then stop."

Voici les vers lus par le Lapin Blanc :

These were the verses the White Rabbit read:—

« On m'a dit que tu fus chez elle
Afin de lui pouvoir parler,
Et qu'elle assura, la cruelle,
Que je ne savais pas nager !

"They told me you had been to her,
And mentioned me to him:
She gave me a good character,
But said I could not swim.

Bientôt il leur envoya dire
(Nous savons fort bien que c'est vrai !)
Qu'il ne faudrait pas en médire,
Ou gare les coups de balai !

He sent them word I had not gone
(We know it to be true):
If she should push the matter on,
What would become of you?

J'en donnai trois, elle en prit une ;

I gave her one, they gave him two,

Combien donc en recevrons-nous ?
(Il y a là quelque lacune.)
Toutes revinrent d'eux à vous.

Si vous ou moi, dans cette affaire,
Étions par trop embarrassés,
Prions qu'il nous laisse, confrère,
Tous deux comme il nous a trouvés.

Vous les avez, j'en suis certaine,
(Avant que de ses nerfs l'accès
Ne bouleversât l'inhumaine,)
Trompés tous trois avec succès.

Cachez-lui qu'elle les préfère ;
Car ce doit être, par ma foi,
(Et sera toujours, je l'espère)
Un secret entre vous et moi. »

« C'est l'élément de preuve le plus important que nous ayons entendu à ce jour, » dit le Roi en se frottant les mains ; « alors, à présent, laissez le jury... »

« Si l'un d'entre eux peut donner une explication, » dit Alice, (elle avait tant grandi au cours des dernières minutes qu'elle n'avait pas du tout peur de l'interrompre) « Je lui donnerai six sous. Je ne crois pas qu'il y ait un atome de sens dans son contenu. »

Le jury écrivait tout sur les ardoises : « Elle ne croit pas qu'il y ait là un atome de sens, » mais aucun d'entre eux ne tenta d'expliquer le document. « Si cela n'a aucun sens, » dit le Roi,

You gave us three or more;
They all returned from him to you,
Though they were mine before.

If I or she should chance to be
Involved in this affair,
He trusts to you to set them free,
Exactly as we were.

My notion was that you had been
(Before she had this fit)
An obstacle that came between
Him, and ourselves, and it.

Don't let him know she liked them best, for this must ever be
A secret, kept from all the rest,
Between yourself and me.”

“That's the most important piece of evidence we've heard yet,” said the King, rubbing his hands; “so now let the jury—”

“If any one of them can explain it,” said Alice, (she had grown so large in the last few minutes that she wasn't a bit afraid of interrupting him,) “I'll give him sixpence. I don't believe there's an atom of meaning in it.”

The jury all wrote down on their slates, “She doesn't believe there's an atom of meaning in it,” but none of them attempted to explain the paper. “If there's no meaning in it,” said the

« cela nous évite bien des problèmes, savez-vous, car nous n'avons pas besoin d'essayer d'en trouver. Et pourtant je ne sais pas, » continua-t-il en déployant les vers sur ses genoux et en les regardant d'un œil ; « il me semble y voir un sens, après tout. "Que je ne savais pas nager" vous ne savez pas nager, n'est-ce pas ? » ajouta-t-il en se tournant vers le Valet.

Le Valet secoua la tête tristement. « Ai-je l'air d'en être capable ? » dit-il. (Il en était certainement incapable en effet, étant entièrement fait de carton.)

« Très bien, jusqu'ici, » dit le Roi, et il continua à marmonner les vers

King, "that saves a world of trouble, you know, as we needn't try to find any. And yet I don't know," he went on, spreading out the verses on his knee, and looking at them with one eye; "I seem to see some meaning in them, after all. "—said I could not swim—" you can't swim, can you?" he added, turning to the Knave.

The Knave shook his head sadly. "Do I look like it?" he said. (Which he certainly did not, being made entirely of cardboard.)

"All right, so far," said the King, and he went on muttering over the verses

pour lui-même : « "Nous savons fort bien que c'est vrai" - c'est le jury, bien sûr - "j'en ai donné une pour elle, ils en ont donné deux pour lui" - donc, c'est ce qu'il a dû faire avec les tartes, vous savez... »

« Mais, la suite est "toutes revinrent de lui à vous," » dit Alice.

« Eh bien, les voilà ! » dit le Roi triomphalement en pointant du doigt les tartes sur la table. « Rien ne peut être plus évident que cela. Et encore une fois, "avant qu'elle fasse cette crise de nerfs," vous n'avez jamais fait de crise de nerfs, ma chère, je crois ? » dit-il à la Reine.

« Jamais ! » dit la Reine avec fureur, lançant un encrier sur le Lézard tout en parlant. (Le malheureux petit Bill avait cessé d'écrire sur son ardoise avec son doigt, car il avait compris qu'il ne laissait aucune trace ; mais il recommença avec empressement, en utilisant l'encre qui coulait sur son visage, tant qu'il y en avait.)

« Ces mots ne vous conviennent pas, » dit le Roi en regardant autour de la cour avec un sourire. Il y eut un silence de mort.

« C'est un jeu de mots ! » ajouta le Roi d'un ton offensé, et tout le monde se mit à rire : « Que le jury examine son verdict, » dit le Roi, pour la vingtième fois environ ce jour-là.

to himself: "'We know it to be true—' that's the jury, of course—'I gave her one, they gave him two—' why, that must be what he did with the tarts, you know—"

"But, it goes on 'they all returned from him to you,'" said Alice.

"Why, there they are!" said the King triumphantly, pointing to the tarts on the table. "Nothing can be clearer than that. Then again—'before she had this fit—' you never had fits, my dear, I think?" he said to the Queen.

"Never!" said the Queen furiously, throwing an inkstand at the Lizard as she spoke. (The unfortunate little Bill had left off writing on his slate with one finger, as he found it made no mark; but he now hastily began again, using the ink, that was trickling down his face, as long as it lasted.)

"Then the words don't fit you," said the King, looking round the court with a smile. There was a dead silence.

"It's a pun!" the King added in an offended tone, and everybody laughed, "Let the jury consider their verdict," the King said, for about the twentieth time that day.

« Non, non ! » dit la Reine. « La peine d'abord - le verdict après. »

"No, no!" said the Queen. "Sentence first—verdict afterwards."

« C'est un non-sens ! » dit Alice bruyamment. « On ne peut pas prononcer la sentence en premier ! »

"Stuff and nonsense!" said Alice loudly. "The idea of having the sentence first!"

« Tenez votre langue ! » dit la Reine, qui devenait violette.

"Hold your tongue!" said the Queen, turning purple.

« Je ne me tairai pas ! » dit Alice.

"I won't!" said Alice.

« Qu'on lui coupe la tête ! » cria la Reine à pleine voix. Personne ne bougea.

"Off with her head!" the Queen shouted at the top of her voice. Nobody moved.

« Qui se soucie de vous ? » dit Alice, (elle avait atteint sa taille maximale à ce moment-là.) « Vous n'êtes rien d'autre qu'un jeu de cartes ! »

"Who cares for you?" said Alice, (she had grown to her full size by this time.) "You're nothing but a pack of cards!"

À ces mots, tout le monde s'éleva dans les airs et se jeta sur elle : elle poussa un petit cri, à moitié d'effroi, à moitié de colère, et tentait de les repousser, quand elle se retrouva allongée sur la rive, la tête sur les genoux de sa sœur, qui balayait doucement de la main quelques feuilles tombées d'un arbre sur son visage.

« Réveille-toi, Alice chérie ! » dit sa sœur ; « Eh bien, quelle longue sieste tu as faite ! »

« Oh, j'ai fait un rêve si étrange ! » dit Alice, et elle raconta à sa sœur, autant qu'elle pouvait se souvenir, toutes ces étranges aventures que vous venez de lire ; et, quand elle eut fini, sa sœur l'embrassa, et dit : « C'était un curieux rêve, ma chérie, certainement : mais maintenant, va prendre ton thé ; il se fait tard. » Alors Alice se leva et s'enfuit, se souvenant pendant qu'elle courait, autant qu'elle le pouvait, quel rêve merveilleux cela avait été.

Mais sa sœur resta immobile au moment où elle la quitta, mit sa tête contre sa main, regardant le soleil couchant et pensant à la petite Alice et à toutes ses merveilleuses aventures, jusqu'à ce qu'elle aussi se mette à rêver à son tour, et voici quel était son rêve : -

D'abord, elle rêva de la petite Alice elle-même, et une fois de plus les petites mains étaient jointes sur

At this the whole pack rose up into the air, and came flying down upon her: she gave a little scream, half of fright and half of anger, and tried to beat them off, and found herself lying on the bank, with her head in the lap of her sister, who was gently brushing away some dead leaves that had fluttered down from the trees upon her face.

"Wake up, Alice dear!" said her sister; "Why, what a long sleep you've had!"

"Oh, I've had such a curious dream!" said Alice, and she told her sister, as well as she could remember them, all these strange adventures of hers that you have just been reading about; and when she had finished, her sister kissed her, and said, "It was a curious dream, dear, certainly: but now run in to your tea; it's getting late." So Alice got up and ran off, thinking while she ran, as well she might, what a wonderful dream it had been.

But her sister sat still just as she left her, leaning her head on her hand, watching the setting sun, and thinking of little Alice and all her wonderful Adventures, till she too began dreaming after a fashion, and this was her dream:—

First, she dreamed of little Alice herself, and once again the tiny hands were clasped upon her knee, and

ses genoux, et ses yeux brillants et avides étaient plongés dans les siens - elle pouvait entendre l'intonation même de sa voix, et percevoir le petit mouvement qu'elle faisait de la tête pour remettre ses cheveux en arrière, les cheveux errants, pour ne pas qu'ils lui viennent dans les yeux - et toujours alors qu'elle écoutait, ou semblait écouter, tout autour d'elle s'animait, avec les créatures étranges du rêve de sa petite sœur.

Les longs brins d'herbe bruissaient sous ses pieds alors que le Lapin Blanc se dépêchait - la Souris effrayée se frayait un chemin à travers la piscine voisine - elle pouvait entendre le cliquetis des tasses à thé alors que le Lièvre de Mars et ses amis partageaient leur repas sans fin, et la stridente voix de la Reine ordonnant l'exécution de ses malheureux invités - une fois de plus le bébé cochon éternuant sur les genoux de la Duchesse, tandis que des assiettes et des plats s'écrasaient autour d'eux - encore une fois le cri du Griffon, le grincement du crayon sur l'ardoise du Lézard, et l'étouffement des cochons d'Inde supprimés, emplissant l'air, tout ceci mêlé aux sanglots lointains de la pauvre Fausse-Tortue.

Alors elle s'assit, les yeux fermés, se croyant presque à moitié au Pays des Merveilles, bien qu'elle sût qu'elle n'avait qu'à les rouvrir, et tout reviendrait à une bien terne réalité - l'herbe ne ferait que bruisser dans le

the bright eager eyes were looking up into hers—she could hear the very tones of her voice, and see that queer little toss of her head to keep back the wandering hair that would always get into her eyes—and still as she listened, or seemed to listen, the whole place around her became alive with the strange creatures of her little sister's dream.

The long grass rustled at her feet as the White Rabbit hurried by—the frightened Mouse splashed his way through the neighbouring pool—she could hear the rattle of the teacups as the March Hare and his friends shared their never-ending meal, and the shrill voice of the Queen ordering off her unfortunate guests to execution—once more the pig-baby was sneezing on the Duchess's knee, while plates and dishes crashed around it—once more the shriek of the Gryphon, the squeaking of the Lizard's slate-pencil, and the choking of the suppressed guinea-pigs, filled the air, mixed up with the distant sobs of the miserable Mock Turtle.

So she sat on, with closed eyes, and half believed herself in Wonderland, though she knew she had but to open them again, and all would change to dull reality—the grass would be only rustling in the wind, and the

vent, et l'eau de la piscine ondulerait à l'agitation des roseaux - les tasses de thé qui cliquetaient se changeraient en clochettes accrochées au cou des moutons, et les cris aigus de la Reine deviendrait la voix du berger - et l'éternuement du bébé, le cri du Griffon, et tous les autres bruits bizarres, redeviendraient (elle le savait) la clameur confuse d'une basse-cour animée - tandis que le mugissement du bétail au loin remplacerait les sanglots lourds de la Fausse-Tortue.

Enfin, elle s'imagina comment sa petite sœur serait, dans le futur, en tant que femme adulte ; et comment elle conserverait, malgré les années, le cœur simple et aimant de son enfance : et comment elle rassemblerait autour d'elle ses petits enfants, faisant briller leurs yeux avides d'histoires étranges, peut-être même avec le rêve du Pays des Merveilles de ce temps lointain : et comment elle se sentirait avec toutes leurs petites tristesses, trouvant aussi du plaisir dans leurs joies quotidiennes, se souvenant de sa propre enfance et des jours d'été heureux.

pool rippling to the waving of the reeds—the rattling teacups would change to tinkling sheep-bells, and the Queen's shrill cries to the voice of the shepherd boy—and the sneeze of the baby, the shriek of the Gryphon, and all the other queer noises, would change (she knew) to the confused clamour of the busy farm-yard—while the lowing of the cattle in the distance would take the place of the Mock Turtle's heavy sobs.

Lastly, she pictured to herself how this same little sister of hers would, in the after-time, be herself a grown woman; and how she would keep, through all her riper years, the simple and loving heart of her childhood: and how she would gather about her other little children, and make their eyes bright and eager with many a strange tale, perhaps even with the dream of Wonderland of long ago: and how she would feel with all their simple sorrows, and find a pleasure in all their simple joys, remembering her own child-life, and the happy summer days.

French Hacking

Thanks for supporting us! Subscribe to our free email series to download the PDF and audio files for this book. Simply scan the QR code below and enter your name & email so we can send you the link to download it.

1) Scan the QR code
2) Enter your details
3) Check your email inbox (it may have gone to your junk mail)
4) Open our email and claim the Audiobook!

Made in the USA
Las Vegas, NV
28 November 2022

60612235R00096